Lutte contre la délinquance fiscale – les dix principes mondiaux, deuxième édition

O))OCDE

DES POLITIQUES MEILLEURES
POUR UNE VIE MEILLEURE

Ce document, ainsi que les données et cartes qu'il peut comprendre, sont sans préjudice du statut de tout territoire, de la souveraineté s'exerçant sur ce dernier, du tracé des frontières et limites internationales, et du nom de tout territoire, ville ou région.

Les données statistiques concernant Israël sont fournies par et sous la responsabilité des autorités israéliennes compétentes. L'utilisation de ces données par l'OCDE est sans préjudice du statut des hauteurs du Golan, de Jérusalem-Est et des colonies de peuplement israéliennes en Cisjordanie aux termes du droit international.

Merci de citer cet ouvrage comme suit :
OCDE (2021), *Lutte contre la délinquance fiscale – les dix principes mondiaux, deuxième édition*, Éditions OCDE, Paris, *https://doi.org/10.1787/b64062dd-fr*.

ISBN 978-92-64-58632-1 (imprimé)
ISBN 978-92-64-81234-5 (pdf)

Préface

En qualité de Président du Groupe d'action de l'OCDE sur les délits à caractère fiscal et autres délits (TFTC), j'ai l'honneur de vous présenter la deuxième édition du rapport intitulé « Lutte contre la délinquance fiscale : les dix principes mondiaux ». Cette nouvelle édition présente des stratégies de riposte face aux professionnels qui facilitent les délits fiscaux et la criminalité en col blanc, des études de cas de recouvrement réussi d'actifs virtuels (tels que les cryptomonnaies) et des pratiques exemplaires de coopération internationale dans la lutte contre la délinquance fiscale. Elle rassemble en outre des rapports sur 33 juridictions, dont 27 pays membres de l'OCDE. Toutes ces juridictions partagent l'objectif commun de mettre pleinement en œuvre les Dix principes mondiaux, qui instaurent une norme commune en matière d'enquête et de répression des délits fiscaux, dans le but d'améliorer la coopération internationale et d'établir des relations de confiance entre les autorités chargées des enquêtes sur les délits fiscaux. Ces Dix principes mondiaux sont désormais complétés par le nouveau modèle de maturité en matière d'enquêtes sur les délits fiscaux, qui permet aux juridictions d'évaluer dans quelle mesure leurs enquêteurs fiscaux appliquent et intègrent les Dix principes mondiaux dans leur travail, et qui offre des pistes claires pour procéder à des améliorations futures.

Le TFTC, fondé en 2010 pour succéder au petit Sous-groupe sur les délits à caractère fiscal et le blanchiment de capitaux, s'intéresse aussi à des questions étroitement liées à la délinquance fiscale, et souvent interdépendantes, comme le blanchiment de capitaux, le financement du terrorisme et la corruption, ainsi qu'à des problématiques transversales telles que l'approche à l'échelle de l'administration décrite dans le Dialogue d'Oslo de l'OCDE. La liste des rapports publiés par le TFTC au cours des dix dernières années est impressionnante ; ces rapports et d'autres documents utiles pour la lutte contre les délits fiscaux et les autres délits peuvent être consultés sur le site web de l'OCDE.

Pendant plus de 20 ans, j'ai dirigé la Division stratégique antifraude au sein du ministère fédéral des Finances d'Autriche, et je dois dire que la création du TFTC, organisme unique en son genre, a été une étape décisive dans le renforcement des efforts internationaux pour contrer les délits fiscaux et les autres délits. Je suis fier d'avoir participé dès le départ à ce groupe et à son ambitieux programme de travail.

L'établissement de liens entre la lutte contre les délits fiscaux et la répression du blanchiment de capitaux a été une grande réussite à mettre à l'actif des initiatives de l'OCDE dans ce domaine. Les Recommandations du Conseil de l'OCDE sur les mesures fiscales visant à renforcer la lutte contre la corruption d'agents publics étrangers dans les transactions commerciales internationales et en vue de faciliter la coopération entre les autorités fiscales et les autorités répressives pour lutter contre les délits graves constituent des instruments essentiels pour promouvoir le partage effectif de renseignements entre administrations fiscales, autres autorités répressives et cellules de renseignement financier. En outre, il est encourageant de constater que l'OCDE s'emploie à intensifier la coopération internationale dans la lutte contre la délinquance fiscale, y compris en matière de recouvrement et de rapatriement des avoirs issus de cette délinquance.

Je saisis cette occasion pour mettre en lumière trois domaines d'action prioritaires à l'avenir.

En premier lieu, il est important d'aider les pays en développement et leurs administrations fiscales à renforcer leurs capacités à mener à bien des enquêtes sur des délits fiscaux. Dans un monde de plus en plus interdépendant, les menaces économiques et financières liées par exemple aux fraudes à la TVA et à d'autres fraudes fiscales à caractère international, au blanchiment de capitaux, à la corruption et aux flux financiers illicites concernent toutes les juridictions, développées comme en développement. En outre, faute d'un arsenal complet d'instruments et de moyens de lutte contre les délits fiscaux, les pays en développement auront du mal à se frayer un chemin vers un avenir économique plus durable. Par conséquent, l'Académie internationale de l'OCDE pour les enquêtes en matière de délinquance fiscale a vu le jour en 2013 à Ostie, suivie entre 2017 et 2019 par la création de centres régionaux pour l'Afrique à Nairobi, pour l'Amérique latine à Buenos Aires et pour la région Asie-Pacifique à Tokyo. J'espère sincèrement que l'Académie servira de centre de connaissances au service de tous les pays en développement et développés, pour leur permettre de mieux contrer la fraude fiscale et d'autres délits fiscaux, notamment les montages internationaux et les flux financiers illicites.

En second lieu, nous devons examiner attentivement l'efficacité des pratiques et des politiques actuelles en matière de partage de l'information. Même si la protection de la confidentialité des informations des contribuables est de la plus grande importance, ces informations peuvent être très précieuses pour évaluer les risques de délits fiscaux et de blanchiment de capitaux. Je pense surtout que nous devons étudier plus avant les moyens de faire en sorte que les cellules de renseignement financier puissent accéder rapidement et efficacement aux nombreuses informations sur les comptes financiers détenus par des contribuables en dehors de leur juridiction de résidence, qui sont désormais échangées automatiquement en vertu de la Norme commune de déclaration de l'OCDE. Il y a naturellement un certain nombre d'aspects importants à prendre en compte, mais j'espère que le TFTC pourra réunir des éléments montrant pourquoi le partage de ces informations peut grandement contribuer à la lutte contre les délits fiscaux.

En troisième lieu, et dans le même ordre d'idées, j'espère que le TFTC pourra relancer la réflexion sur l'échange d'informations relatives aux bénéficiaires effectifs entre autorités chargées des enquêtes pénales, si possible en temps réel. De nombreux délits sont facilités par des sociétés écrans qui opèrent à l'échelle de nombreuses juridictions. Avec les procédures traditionnelles de demande de renseignements, les délais nécessaires pour suivre ces entreprises et comprendre leurs montages complexes peuvent ralentir les enquêtes pénales dans certains cas. Dans un monde interconnecté, où la technologie peut accomplir beaucoup en si peu de temps, c'est sûrement un domaine où les améliorations sont possibles.

Enfin, je tiens à vous recommander la deuxième édition des Dix principes mondiaux, qui devrait aider nos administrations et leurs partenaires à agir ensemble de façon plus efficace contre la délinquance fiscale. Continuons de collaborer, de communiquer et de coopérer.

Herwig Heller

Président 2019-21, TFTC de l'OCDE

Directeur de la Division antifraude, ministère fédéral des Finances d'Autriche

Avant-propos

Publié pour la première fois en 2017, le rapport intitulé « Lutte contre la délinquance fiscale : les dix principes mondiaux » constitue le premier guide d'envergure sur la lutte contre la délinquance fiscale. Ses dix principes essentiels couvrent les aspects juridiques, institutionnels, administratifs et opérationnels nécessaires pour mettre en place un système efficace de lutte contre les délits fiscaux et les autres délits financiers, tout en veillant à ce que les droits des contribuables soient respectés. Cette deuxième édition traite de nouvelles questions, comme la lutte contre les professionnels qui facilitent les délits fiscaux et la criminalité en col blanc, ainsi que le renforcement de la coopération internationale pour le recouvrement des avoirs. S'appuyant sur l'expérience de juridictions du monde entier, le rapport met également en lumière des réussites concernant les actifs virtuels, les enquêtes complexes associant des équipes conjointes et le recours aux nouvelles technologies pour réprimer les délits fiscaux et les autres délits financiers. Des chapitres par pays accompagnent le rapport, dans lesquels les juridictions confrontent leur cadre national aux Dix principes mondiaux.

Ce document a été préparé par le Centre de politique et d'administration fiscales de l'OCDE et approuvé par le Groupe d'action de l'OCDE sur les délits à caractère fiscal et autres délits et par le Comité des affaires fiscales. Les données qui y figurent sont fournies par et sous la responsabilité des autorités concernées de chacune des juridictions participantes, et le Secrétariat n'a pas vérifié leur exactitude. La deuxième édition de ce rapport a été préparée par Marcos Roca, du Secrétariat de l'OCDE, sous la supervision de Melissa Dejong et de Peter Green. Les auteurs remercient toutes les juridictions participantes qui se sont activement impliquées dans le projet malgré les contraintes imposées par la pandémie de COVID-19.

Ce rapport a été approuvé par le Comité des affaires fiscales le 4 juin 2021 et préparé pour publication par le Secrétariat de l'OCDE.

Table des matières

GRAPHIQUES

TABLEAUX

Suivez les publications de l'OCDE sur :

http://twitter.com/OECD_Pubs

http://www.facebook.com/OECDPublications

http://www.linkedin.com/groups/OECD-Publications-4645871

http://www.youtube.com/oecdilibrary

http://www.oecd.org/oecddirect/

Abréviations et acronymes

AERF	Accord d'échange de renseignements fiscaux
CEJ	Convention d'entraide judiciaire
CRF	Cellule de renseignement financier
DOS	Déclaration d'opération suspecte
EDR	Échange de renseignements
GAFI	Groupe d'action financière
LBC	Lutte contre le blanchiment de capitaux
OCDE	Organisation de coopération et de développement économiques
ONUDC	Office des Nations Unies contre la drogue et le crime
TFTC	Groupe d'action sur les délits à caractère fiscal et autres délits (*Task Force on Tax Crimes and Other Crimes*)
TPS	Taxe sur les produits et services
TVA	Taxe sur la valeur ajoutée

Synthèse

À l'heure de la décrue de la pandémie de COVID-19, les délits fiscaux et les autres délits financiers ont plus que jamais une dimension planétaire et, s'ils ne sont pas dûment contrôlés, risquent de saper l'état de droit ainsi que la confiance du public dans le système juridique et financier. Les avancées technologiques entraînent l'apparition de nouveaux risques, liés notamment à l'augmentation de la cybercriminalité, l'utilisation abusive des cryptomonnaies et l'émergence d'une nouvelle catégorie de professionnels sophistiqués à même de créer des structures opaques et de transférer de l'argent en temps réel.

Alors que le monde se remet des effets de la pandémie, lutter contre les délits fiscaux s'impose comme un nouvel impératif. Il faut pour cela renforcer la coopération internationale, et tous les pays doivent disposer d'un ensemble solide d'outils juridiques et opérationnels permettant de détecter, contrer et sanctionner les auteurs de délits fiscaux et les professionnels qui les facilitent.

À l'appui de ces objectifs, ce guide met à jour la première édition des Dix principes mondiaux en matière de lutte contre la délinquance fiscale, qui ont amplement contribué à établir un référentiel reconnu internationalement par rapport auquel les pays peuvent mesurer leurs performances et puiser de l'inspiration. Les Dix principes mondiaux couvrent tout l'éventail des outils dont les pays devraient être dotés, depuis la mise en place d'une législation complète qui incrimine les délits fiscaux jusqu'à la définition d'une stratégie globale de détection des menaces et de ciblage de l'activité criminelle, en passant par l'établissement des mécanismes propres à confisquer le produit d'une infraction à l'issue d'une condamnation.

Cette nouvelle édition des Dix principes mondiaux fait un point sur l'état de la mise en œuvre dans le monde, et 33 chapitres par pays détaillent les progrès accomplis et formulent des recommandations en vue d'améliorations futures. Le rapport souligne également le rôle des autorités chargées d'enquêter sur les délits fiscaux, non seulement sur le plan financier, mais aussi du fait de leur impact sur la répression de la délinquance et sur la confiance du public. Ce rapport suggère de confier aux autorités chargées d'enquêter sur les délits fiscaux une large gamme de pouvoirs d'enquête et d'application du droit, mais il souligne également l'importance de respecter les droits des suspects au cours d'une enquête, y compris la présomption d'innocence, le droit à l'assistance d'un avocat et à la divulgation complète des pièces du dossier.

S'appuyant sur la première édition publiée en 2017, sur des travaux supplémentaires menés par le Groupe d'action de l'OCDE sur les délits à caractère fiscal et autres délits (TFTC) et sur les contributions reçues de 33 juridictions, la deuxième édition des Dix principes mondiaux montre que, dans l'ensemble, les juridictions continuent de renforcer leur capacité à lutter contre les délits fiscaux, à l'échelle nationale et internationale. Toutes les juridictions interrogées sont dotées de lois très complètes qui incriminent les infractions fiscales, et elles ont les moyens d'appliquer des sanctions sévères, parmi lesquelles de longues peines d'emprisonnement, de lourdes amendes, des confiscations d'avoirs et toute une gamme d'autres sanctions. Les juridictions disposent généralement d'un large éventail de pouvoirs d'enquête et de répression, ainsi que d'un accès aux données et aux renseignements voulus. Pratiquement toutes les juridictions participantes caractérisent les délits fiscaux en infractions principales du blanchiment de capitaux. Les droits des suspects donnent lieu à la même interprétation de façon quasi universelle et sont consacrés par le droit.

Néanmoins, comme mentionné précédemment, la délinquance fiscale se transforme parce que les criminels emploient de nouvelles technologies, et les délits transfrontières se multiplient. La deuxième édition de ce rapport souligne le fait que les juridictions doivent s'engager activement dans la coopération transfrontières pour lutter contre la délinquance fiscale, y compris en utilisant des mécanismes de partage de l'information et en intégrant dans leurs stratégies nationales des stratégies de riposte face aux intermédiaires fiscaux. Face à des montages de plus en plus complexes, la mise en place de groupes de travail conjoints et de centres de renseignement interinstitutionnels, à la fois à l'échelle nationale et internationale, devient de plus en plus importante.

Recommandations

Cette nouvelle édition du rapport recommande aux pays d'évaluer leurs performances au regard des Dix principes mondiaux. Ils doivent notamment identifier les domaines dans lesquels il leur faut modifier la loi ou certains aspects opérationnels, par exemple en renforçant les pouvoirs d'enquête ou de répression, en élargissant l'accès à d'autres données détenues par les administrations, en concevant ou en actualisant une stratégie de lutte contre les infractions fiscales, ou en redoublant d'efforts pour mesurer l'impact de leurs activités.

Il est recommandé aux pays qui se sont engagés à aider les pays en développement à renforcer leurs capacités dans le domaine fiscal (y compris dans le cadre de l'Initiative fiscale d'Addis-Abeba ou de la Déclaration du G7 de Bari) de réfléchir aux moyens qui leur permettraient de coopérer avec eux pour renforcer les enquêtes sur la délinquance fiscale et promouvoir une adoption plus large des Dix principes. Cela passe notamment par la mise à disposition de formateurs experts de l'Académie internationale de l'OCDE pour les enquêtes en matière de délinquance fiscale, la participation au programme pilote sur l'initiative Inspecteurs des impôts sans frontières portant sur des enquêtes pénales, le soutien au déploiement du Modèle de maturité en matière d'enquêtes sur les délits fiscaux et d'autres initiatives régionales ou bilatérales.

Le TFTC continuera de faciliter la coopération internationale pour la lutte contre la délinquance fiscale, notamment dans les domaines où une action multilatérale s'impose pour relever des défis communs, comme le recouvrement des avoirs et la lutte contre les intermédiaires fiscaux.

Il faudra peut-être aussi collaborer pour créer une stratégie commune afin de lutter contre les délits fiscaux présentant des éléments transnationaux. À partir de l'expérience tirée d'initiatives existantes, une telle stratégie pourrait faire intervenir des mécanismes de coopération pour mettre en évidence les risques que comportent ces délits fiscaux, ce qui pourrait impliquer d'élargir les sources de données disponibles, et d'œuvrer pour que ces données et les accords de partage de l'information soient disponibles et efficients dans la pratique.

Aperçu des Dix principaux mondiaux

Le présent guide s'inscrit dans le cadre des travaux actuellement menés par l'OCDE sur le Dialogue d'Oslo, une approche à l'échelle de l'administration dans son ensemble destinée à lutter contre les délits fiscaux et les autres délits financiers. La deuxième édition des Dix principes mondiaux s'appuie sur l'expérience des pays dans l'application de la première édition du rapport, publiée en 2017, les travaux menés par le Groupe d'action de l'OCDE sur les délits à caractère fiscal et autres délits (TFTC) depuis lors, et les contributions spécifiques reçues de 33 juridictions dans le monde.

Elle analyse les études de cas de mise en œuvre réussie et les pratiques exemplaires décrites par les juridictions participantes, tout en cernant les tendances qui se font jour dans le domaine des délits fiscaux en particulier, et de la délinquance financière en général. Elle s'appuie également sur les récentes publications de l'OCDE, à savoir le Modèle de maturité en matière d'enquêtes sur les délits fiscaux (OCDE, 2020[1]) et le rapport intitulé « En finir avec les montages financiers abusifs : Réprimer les intermédiaires qui favorisent les délits fiscaux et la criminalité en col blanc » (OCDE, 2021[2]).

En faisant fond sur le savoir et sur l'expérience des organismes publics du monde entier, ce guide présente dix principes mondiaux permettant de lutter efficacement contre la délinquance fiscale. Chaque principe y est décrit, et illustré à l'aide d'exemples et de pratiques en vigueur à l'échelle internationale.

Ce guide est destiné à répondre à trois objectifs :

1. donner aux pays les moyens de procéder à une analyse comparative de leur cadre juridique et opérationnel pour mettre en évidence les pratiques concluantes permettant d'améliorer leurs processus et systèmes de lutte contre la délinquance fiscale ;
2. favoriser le suivi et l'évaluation des avancées des pays par des mises à jour régulières ;
3. permettre aux pays développés et en développement d'exprimer leurs besoins de formation, notamment en intégrant le guide dans le programme de l'Académie internationale de l'OCDE pour les enquêtes en matière de délinquance fiscale[1].

La mise en œuvre des Dix principes mondiaux par les différents pays est naturellement fonction du contexte plus général que constituent leur système juridique, ainsi que leur pratique et leur culture administratives. Il revient à chaque pays de choisir à cet effet les méthodes les mieux adaptées et les plus conformes à son cadre juridique, à sa structure organisationnelle de lutte contre la délinquance fiscale et au respect de ses engagements et obligations au regard des normes et des conventions internationales et, dans le cas des États membres de l'Union européenne, du droit de l'UE.

En outre, chaque pays possède sa propre définition de la délinquance fiscale et sa propre structure organisationnelle d'enquête dans ce domaine. C'est pourquoi, dans le présent rapport, les références à la « délinquance fiscale » désignent tout comportement intentionnel enfreignant le droit fiscal et qui peut faire l'objet d'une enquête, de poursuites et de sanctions en vertu des procédures pénales prévues par le système de justice pénale. Ces références sont destinées à être suffisamment larges pour englober les différentes définitions juridiques pouvant s'appliquer selon le droit interne. Elles sont censées viser tous les manquements aux obligations légales au titre de l'impôt sur le revenu et des prélèvements indirects (comme la TVA ou les TPS). Les autres délits financiers, comme le non-respect des lois relatives aux douanes et aux accises, à la corruption ou au blanchiment de capitaux, ne sont pas pris en compte dans ce rapport, qui n'en est pas moins pertinent dans ces domaines également.

Ce guide a pour objectif de donner un aperçu des pratiques en vigueur et de permettre aux pays d'examiner et d'évaluer leur mise en œuvre des Dix principes mondiaux, notamment par comparaison avec leurs pairs. Les tableaux et les graphiques qu'il contient présentent les statistiques et autres données communiquées par 33 pays en réponse à une enquête menée entre 2019 et début 2021. Il convient néanmoins de procéder à des comparaisons avec prudence, en l'absence de législation et de pratiques uniformes dans les divers pays. Les statistiques établies, en particulier, ne peuvent pas tenir compte des différences relatives à la terminologie (termes et définitions juridiques) ou aux systèmes fiscaux et juridiques ; de la taille et de la population des pays, ainsi que de la taille de leurs administrations fiscales respectives ; des différences d'attitude vis-à-vis du risque fiscal et de taux global de discipline fiscale ; et des autres approches et stratégies appliquées en matière de respect des obligations (comme la préférence donnée aux sanctions civiles plutôt qu'aux poursuites pénales). Dans ces conditions, les statistiques figurant dans le présent guide ne doivent pas être examinées de manière isolée, mais dans le cadre de l'approche plus généralement adoptée par un pays en matière de discipline fiscale et de lutte contre la délinquance financière.

Ce guide s'accompagne de 33 chapitres par pays dans lesquels les pays évaluent leurs performances au regard des Dix principes mondiaux. Ce rapport a vocation à rester un document évolutif, ouvert à toute juridiction qui souhaite participer à cet exercice comparatif à l'avenir. Les statistiques et études de cas de mise en œuvre réussie figurant dans cette édition ont été actualisées en avril 2021 et comprennent des données fournies par l'Afrique du Sud, l'Allemagne, l'Argentine, l'Australie, l'Autriche, l'Azerbaïdjan, le Brésil, le Canada, le Chili, la Colombie, la Corée, le Costa Rica, l'Espagne, l'Estonie, les États-Unis, la France, la Géorgie, la Grèce, le Honduras, la Hongrie, l'Irlande, l'Islande, Israël, l'Italie, le Japon, le Mexique, la Norvège, la Nouvelle-Zélande, les Pays-Bas, la République tchèque, le Royaume-Uni, la Suisse et la Suède.

Références

OCDE (2021), *En finir avec les montages financiers abusifs : Réprimer les intermédiaires qui favorisent les délits fiscaux et la criminalité en col blanc*, OCDE, http://www.oecd.org/fr/fiscalite/delits/en-finir-avec-les-montages-financiers-abusifs-reprimer-les-intermediaires-qui-favorisent-les-delits-fiscaux-et-la-criminalite-en-col-blanc.htm. [2]

OCDE (2020), *Modèle de maturité en matière d'enquêtes sur les délits fiscaux*, OCDE, https://www.oecd.org/fr/fiscalite/delits/modele-de-maturite-en-matiere-d-enquetes-sur-les-delits-fiscaux.htm. [1]

Note

1 Académie internationale de l'OCDE pour les enquêtes en matière de délinquance fiscale : https://www.oecd.org/fr/fiscalite/delits/academie-fiscale/.

Principe 1 : Incrimination des infractions fiscales

Les pays devraient mettre en place un cadre juridique qui incrimine les manquements au droit fiscal et prévoit des sanctions pénales en conséquence.

Introduction

1.   La plupart des contribuables s'acquittent spontanément de leurs obligations fiscales. Certains, toutefois, s'obstinent à ne pas les honorer et utilisent tous les moyens à cette fin. C'est à l'égard de ces contribuables, pour lesquels accompagnement et suivi n'entraînent pas d'amélioration de la discipline fiscale, que le droit pénal joue un rôle important. Cela permet en outre de renforcer les effets préventifs généraux que peut avoir l'application du droit pénal et de réduire l'indiscipline fiscale.

2.   Les pays tirent des conclusions différentes quant au moment précis où l'application du droit pénal se justifie. Les dispositions du droit pénal définissent les actes qui sont considérés comme des délits fiscaux ainsi que le type de sanctions pénales qui sont jugées appropriées. Ces actes et sanctions pénales ne sont pas définis de la même manière dans tous les pays.

3.   Dès lors qu'il existe une distinction entre non-respect des obligations et non-respect du droit pénal, les pays doivent avoir la possibilité d'appliquer des sanctions pénales en cas de violation du droit fiscal. D'un point de vue préventif, cela s'explique par plusieurs raisons :

   i.   faire passer un message quant à l'intégrité, à la neutralité et à l'équité de la loi (personne n'est au-dessus des lois) ;

   ii.   dissuader, de manière générale, ceux qui pourraient être tentés d'échapper à leurs obligations fiscales si l'occasion s'en présentait, en faisant en sorte que toute activité délictueuse ait des répercussions en termes de réputation et de sanctions ;

iii. dissuader, de manière spécifique, toute personne ayant été reconnue coupable et sanctionnée par le passé, afin qu'elle ne soit pas tentée de recommencer. La mise en œuvre effective des dispositions pénales destinées à punir ceux qui ont décidé de ne pas respecter leurs obligations est essentielle pour rendre la justice et renforcer la crédibilité de ces dispositions et du système juridique lui-même.

4. L'incrimination des manquements au droit fiscal garantit aussi la présence des pouvoirs d'enquête et de répression sur le plan pénal qui sont nécessaires pour établir la vérité indépendamment de la coopération du prévenu. Dans certains pays, elle sert également de socle à la coopération nationale avec d'autres autorités répressives en vertu du droit pénal, ainsi qu'à la coopération internationale aux termes d'une convention d'entraide judiciaire (CEJ), par exemple.

5. Le moyen précisément choisi pour incriminer les infractions au droit fiscal varie selon les pays. Chaque pays est doté d'un système juridique différent, qui traduit et produit des interactions avec la culture, le contexte de l'action publique et le cadre législatif qui lui sont propres.

6. Quelles que soient ses spécificités, le cadre juridique est particulièrement efficace dès lors que :

- la loi définit clairement les infractions fiscales qui sont incriminées ;
- une sanction pénale est appliquée lorsque l'infraction est établie ;
- les infractions plus graves sont passibles de sanctions pénales plus sévères ;
- les sanctions pénales sont appliquées dans la pratique.

La loi définit clairement les infractions fiscales qui sont incriminées

7. Les infractions relevant de la délinquance fiscale peuvent être définies de manière générale pour désigner un large éventail d'activités, comme les actes délictueux destinés à frauder l'administration. Il est également possible de définir les infractions spécifiques de façon plus détaillée dans la loi, en fixant pour chacune les critères permettant d'établir quels actes précis constituent un délit.

8. Quelle que soit l'approche adoptée en matière de définition, les pays peuvent aussi opter pour des approches différentes au regard du seuil au-delà duquel un acte est considéré comme une infraction. Ils peuvent ainsi incriminer les actes correspondant à un non-respect des obligations, comme une omission délibérée de remplir correctement une déclaration fiscale. Certains autres pays peuvent appliquer le droit pénal à partir d'un seuil plus élevé lorsque le non-respect délibéré d'une obligation fiscale s'accompagne de circonstances aggravantes, notamment si le montant de la fraude fiscale excède un certain seuil monétaire, si l'infraction est commise à plusieurs reprises, si le revenu imposable est activement dissimulé ou si les registres ou autres documents justificatifs sont délibérément falsifiés. Certains pays peuvent aussi fixer un seuil très élevé pour classer les délits fiscaux, comme les délits commis en bande organisée dans un but lucratif, ou les fraudes fiscales accompagnées de circonstances particulièrement aggravantes. On trouvera ci-dessous des exemples courants de ces divers cas de figure :

Catégorie	Exemples
Infraction découlant du non-respect des obligations (peut s'appliquer indépendamment de l'intention ou du résultat)	• Omettre de communiquer les informations, documents ou déclarations requis(es)
	• Omettre de s'enregistrer/s'immatriculer à des fins fiscales
	• Omettre de tenir des registres
	• Tenir des registres inexacts
	• Effectuer des déclarations mensongères
	• Ne pas payer ses impôts
Infractions fiscales intentionnelles	• Détruire des registres

	• Omettre délibérément de respecter le droit fiscal pour obtenir un avantage financier
	• Se livrer à la fraude fiscale ou recevoir des fonds grâce à la fraude ou à des pratiques illégales
	• Réduire intentionnellement le montant de l'impôt à l'aide de faux documents ou de factures fictives
	• Présenter des documents falsifiés ou des faux pour réduire le montant de l'impôt
	• Fournir intentionnellement ou par négligence grave des renseignements fallacieux dans une déclaration fiscale afin d'obtenir un avantage fiscal
	• Obtenir frauduleusement des remboursements ou des crédits d'impôt
	• Fraude fiscale avec circonstances aggravantes, notamment dans des cas où elle procure des avantages financiers considérables ou est commise de façon méthodique
	• Voler ou frauder l'administration
	• S'opposer à un représentant de l'autorité fiscale
	• Commettre des infractions subsidiaires
Infractions spécifiques	• Conclure un accord permettant à une personne d'être dans l'impossibilité de payer ses impôts
	• Se rendre coupable de fraude fiscale en tant que membre d'un groupe criminel organisé
	• Se livrer à des activités commerciales conduisant à une fraude fiscale
	• Usurper une identité
	• Utiliser une fausse identité

9. Les pays doivent aussi incriminer tout acte visant à faciliter ou à permettre la commission d'une infraction fiscale par un tiers, y compris en lui prêtant aide ou assistance, ou toute entente en vue de la commission d'une infraction fiscale (« complicité »), comme les actions des professionnels facilitant la commission d'infractions (voir ci-après).

10. Les pays peuvent, par exemple, regrouper ces infractions pénales dans un texte de loi ou un code couvrant toutes les activités délictueuses, dans une loi fiscale générale, dans leur texte de loi relatif à l'impôt sur le revenu ou à la TVA, ou dans tout autre texte de loi spécifique. Quelle que soit l'approche adoptée, les dispositions juridiques devraient exposer les éléments qui sont constitutifs du délit, ce qui implique d'énoncer clairement le comportement ou l'activité spécifique qui constitue l'acte délictueux, ainsi que l'état d'esprit requis de la part de la personne concernée lors de la commission de cet acte (intention, imprudence ou négligence grave, par exemple). Ces infractions devraient être décrites dans les textes en termes clairs, ce qui permettrait de prévenir certains désaccords et malentendus éventuels relatifs à la terminologie employée tant du côté des contribuables que du côté de la justice pénale.

11. Les pays devraient pouvoir engager des poursuites à l'encontre des personnes physiques, mais aussi des personnes morales et des constructions juridiques en cas de commission d'un délit fiscal. À titre d'exemple, lorsqu'une entreprise s'est prêtée à une fraude fiscale, il se peut qu'aucune personne physique responsable du délit ne puisse être identifiée, mais que les actions délictueuses commises résultent des actions conjuguées réalisées par plusieurs personnes en tant que représentants de l'entreprise. La loi peut ainsi permettre d'engager la responsabilité pénale de la personne morale ou de la construction juridique à raison du délit, et d'imposer des sanctions aux principaux acteurs, comme les administrateurs, dirigeants, agents ou salariés clés de la personne morale ou de la construction juridique, qui sont jugés pénalement responsables. La capacité des répondants à l'enquête d'engager la responsabilité pénale des personnes morales est la suivante :

Graphique 1.1. Engager la responsabilité pénale des personnes morales

Est-il possible d'engager la responsabilité pénale des personnes morales en cas d'infraction fiscale ?

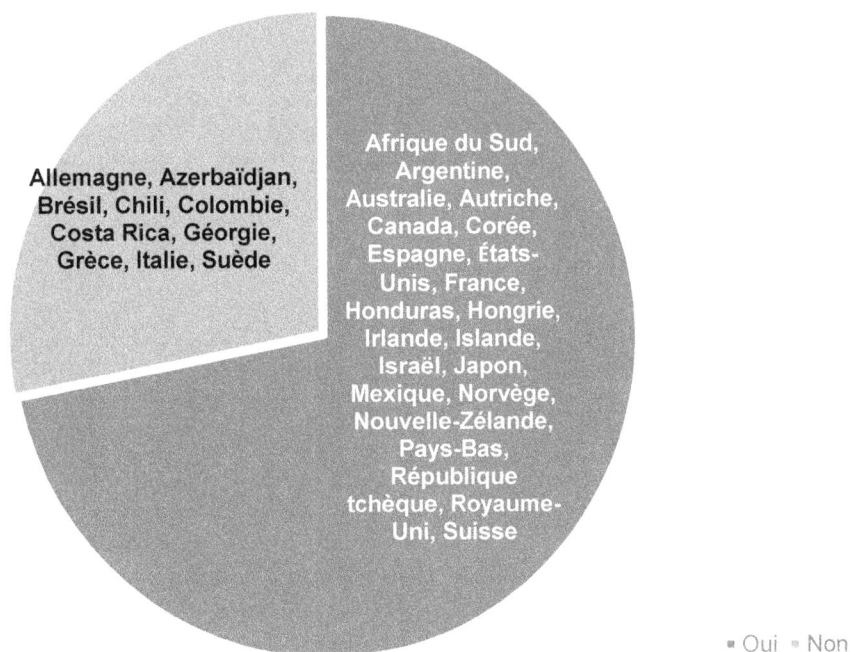

Allemagne, Azerbaïdjan, Brésil, Chili, Colombie, Costa Rica, Géorgie, Grèce, Italie, Suède

Afrique du Sud, Argentine, Australie, Autriche, Canada, Corée, Espagne, États-Unis, France, Honduras, Hongrie, Irlande, Islande, Israël, Japon, Mexique, Norvège, Nouvelle-Zélande, Pays-Bas, République tchèque, Royaume-Uni, Suisse

▪ Oui ▪ Non

Une sanction pénale est appliquée lorsque l'infraction est établie

12. Les dispositions juridiques devraient prévoir des sanctions dès lors que les éléments du délit ont été établis. Ces sanctions devraient être conçues pour favoriser le respect des obligations et empêcher leur inobservation en constituant une menace crédible. Tout délai de prescription relatif à l'imposition d'une sanction pénale devrait tenir compte de la gravité du délit et de la sévérité de la peine prescrite. L'existence d'un délai de prescription suffisamment long pour les infractions graves a pour conséquence pratique qu'il laisse suffisamment de temps aux organismes compétents pour identifier et poursuivre les auteurs d'actes délictueux. Cet aspect revêt une importance particulière pour les affaires complexes, dans lesquelles la conduite d'enquêtes et de poursuites efficaces peut prendre du temps.

Graphique 1.2. Peine d'emprisonnement maximale en cas d'infraction fiscale (en années) – impôt sur le revenu et TVA

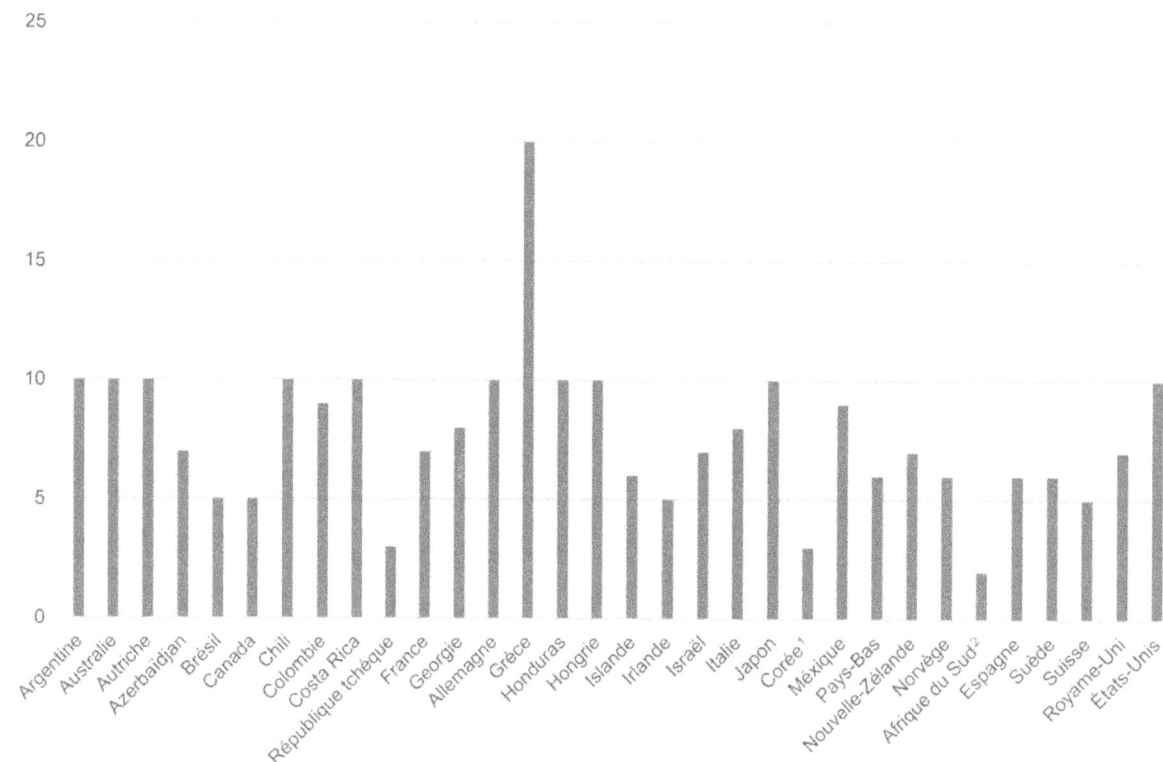

1. La loi coréenne prévoit la possibilité d'une peine d'emprisonnement de durée indéterminée dans les cas de fraude fiscale aggravée lorsque le montant éludé dépasse 500 millions de KRW par an.

2. L'Afrique du Sud note qu'elle est en mesure d'obtenir des condamnations à des peines beaucoup plus longues dans les cas d'infractions multiples où les peines sont exécutées consécutivement ou bien, le cas échéant, en appliquant l'infraction de droit commun de fraude.

Les infractions plus graves sont passibles de sanctions pénales plus sévères

13.	Un certain nombre de comportements peuvent constituer un délit à caractère fiscal. Pour atteindre les objectifs de l'incrimination exposés précédemment, les comportements ou les délits plus graves commis dans des circonstances plus graves devraient être passibles de sanctions pénales plus sévères, proportionnelles à la nature de l'infraction.

14.	Comme on l'a vu, chaque pays adopte sa propre approche pour classer les différents types d'infractions et leur gravité. Quelle que soit l'approche suivie, la gravité des conséquences pour le délinquant doit être à la mesure de la gravité de l'infraction.

Il existe un régime de sanctions permettant de poursuivre les professionnels facilitant la commission d'infractions (intermédiaires fiscaux)

15.	Bien que la majorité des professionnels soient respectueux du droit et jouent un rôle important dans l'accompagnement des entreprises et des personnes physiques en les aidant à mieux comprendre et respecter la législation, les pays devraient disposer de régimes de sanctions visant le petit nombre de professionnels faisant usage de leurs compétences et de leurs connaissances pour faciliter la commission de délits fiscaux et autres délits financiers par leurs clients. Ces professionnels, au nombre desquels peuvent figurer des juristes, des comptables et des conseillers fiscaux, peuvent jouer un rôle essentiel en ce qu'ils donnent aux contribuables les moyens de frauder l'État et de se soustraire à leurs obligations fiscales, par exemple en mettant à leur disposition des structures et des dispositifs opaques pour occulter la véritable identité des individus à l'origine des activités illégales.

16. Les pouvoirs publics sont de plus en plus conscients de la nécessité de poursuivre ces intermédiaires fiscaux. Plusieurs pays ont répondu que les complices, parmi lesquels les professionnels ayant facilité la commission d'une infraction, sont pénalement responsables et que, dans la majorité des cas, ils peuvent être tenus pour responsables de la même infraction et sont passibles de la même sanction pénale que l'auteur lui-même de l'infraction. Dans certains cas, la personne concernée peut encourir une sanction plus lourde, par exemple lorsqu'il s'agit d'un conseiller fiscal et que son intervention pour faciliter la commission de l'infraction est considérée comme un facteur aggravant. Certains pays infligent également des sanctions civiles aux professionnels se comportant comme des intermédiaires ou des instigateurs de délits fiscaux. On trouvera ci-après une ventilation des sanctions appliquées, établie à partir des données tirées de l'enquête :

Tableau 1.1. Types de régimes permettant de poursuivre les intermédiaires fiscaux

Possibilité d'engager des poursuites en vertu des règles de portée générale visant les auteurs d'infractions primaires ou secondaires	Régime de sanction spécial	Sanction non pénale
Autriche	Argentine[1]	Australie
Azerbaïdjan	Chili[2]	France[3]
Brésil	Israël	Pays-Bas[4]
Canada	Italie	Irlande[5]
Colombie	Corée	
Costa Rica	Mexique	
République tchèque[6]	Suède	
France	Royaume-Uni	
Géorgie	États-Unis	
Allemagne		
Grèce		
Honduras		
Hongrie		
Japon		
Pays-Bas		
Nouvelle- Zélande		
Norvège		
Afrique du Sud		
Espagne		
Suisse		

1. Sanction spéciale applicable aux professionnels ayant facilité la commission d'infractions prévue dans la Loi sur la Délinquance Fiscale.
2. Infraction spéciale inscrite dans le Code des impôts.
3. La France peut appliquer à la fois des règles de portée générale relatives à la participation à la commission d'infractions primaires/secondaires et une sanction administrative.
4. Les Pays-Bas peuvent appliquer à la fois des règles de portée générale relatives à la participation à la commission d'infractions primaires/secondaires et une sanction administrative.
5. Des sanctions, notamment l'interdiction d'exercer sa profession, peuvent être infligées par l'ordre dont relèvent ces professionnels.
6. Peut être considéré comme une circonstance aggravante.

Les sanctions pénales sont appliquées dans la pratique

17. La législation incriminant les infractions fiscales devrait être mise en application. Lorsque l'infraction est établie lors d'une procédure judiciaire, il convient d'appliquer la sanction pénale qui a le plus de chances d'être efficace et qui est adaptée aux faits et aux circonstances. Les sanctions devraient être appliquées de manière équitable et cohérente.

18. Selon l'affaire, il pourrait être judicieux d'imposer une sanction pécuniaire. Par exemple en ce qui concerne les pays ayant répondu à l'enquête pour lesquels des données étaient disponibles, les amendes infligées par les autorités compétentes pour infractions au droit fiscal ont représenté un montant excédant 1.4 milliard EUR en 2017.

19. Selon l'affaire concernée, il peut être bon d'appliquer d'autres types de sanctions pénales, comme des travaux d'intérêt général, la dénonciation publique des auteurs de l'infraction ou des facilitateurs, l'interdiction d'exercer certaines fonctions, la suspension du permis de conduire ou autres avantages, des ordonnances spécifiques de confiscation ou de restitution d'actifs, voire plusieurs de ces sanctions à la fois.

20. Neuf des 31 pays ayant participé à l'enquête ont répondu avoir recouru à des sanctions autres qu'une peine d'emprisonnement ou une amende entre 2015 et 2018.[1]

Graphique 1.3. Autres sanctions imposées entre 2015 et 2018 en cas d'infraction fiscale

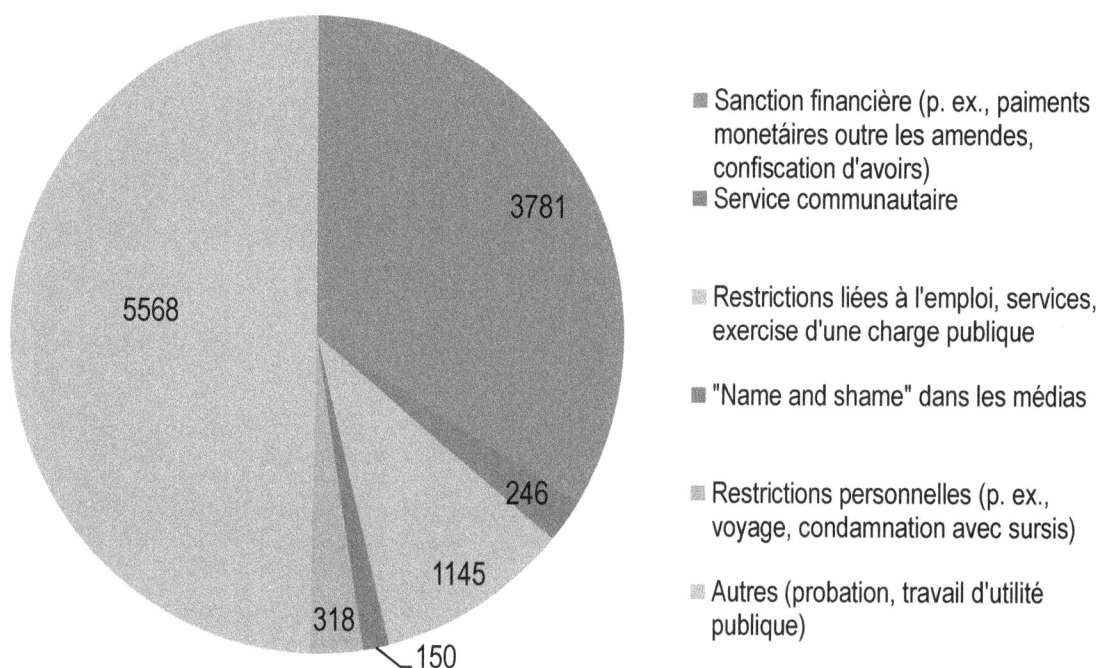

Références

OCDE (2021), *En finir avec les montages financiers abusifs : Réprimer les intermédiaires qui favorisent les délits fiscaux et la criminalité en col blanc*, OCDE, Paris. http://www.oecd.org/fr/fiscalite/delits/en-finir-avec-les-montages-financiers-abusifs-reprimer-les-intermediaires-qui-favorisent-les-delits-fiscaux-et-la-criminalite-en-col-blanc.htm

Note

[1] Australie, Azerbaïdjan, Canada, États-Unis, France, Géorgie, Mexique, Nouvelle-Zélande et République tchèque.

Principe 2 : Mise en place d'une stratégie de lutte contre la délinquance fiscale

Pour garantir l'efficacité de leur législation sur la délinquance fiscale, les pays devraient mettre en place une stratégie de lutte contre les délits fiscaux qui fasse l'objet d'un réexamen et d'un suivi réguliers.

Introduction

21.   Pour lutter contre la délinquance fiscale avec la plus grande efficacité possible, les autorités fiscales doivent disposer d'un certain nombre de stratégies destinées à encourager la discipline fiscale, afin de répondre efficacement aux différentes attitudes des contribuables vis-à-vis du respect de leurs obligations. Une stratégie cohérente d'application de la loi devrait être élaborée pour garantir la mise en œuvre effective de la législation sur les délits fiscaux. Cette stratégie globale peut être décrite dans un document qui énonce les objectifs des autorités fiscales, identifie les risques associés au non-respect du droit fiscal et présente un plan pour faire face à ces risques. Il faut s'assurer de l'adhésion des hauts fonctionnaires, qui sont responsables de la mise en place de la stratégie globale.

22.   D'une manière générale, il convient d'introduire une stratégie globale couvrant tous les aspects de la discipline fiscale, à savoir encourager la discipline volontaire ou faire face aux manquements involontaires, à l'évasion, à la fraude et aux délits graves. Néanmoins, cette stratégie spécifiquement consacrée à la discipline fiscale devrait être fondée sur le système juridique, le contexte de l'action publique, le cadre législatif et la structure répressive générale propres à chaque pays. Le graphique ci-après présente des exemples de mesures susceptibles d'être prises pour renforcer la discipline fiscale.

			Enquêtes et vérifications fiscales
Escroquerie fiscale (Délit grave commis en bande organisée)	Prévention et lutte contre l'escroquerie	Mesures anti-fraude	• Poursuites et sanctions • Exclusion de la sphère financière légale • Coopération avec le système/la police judiciaires
Fraude fiscale (économie parallèle, sous-estimation des revenus déclarés, emploi illégal)	Contrôles et sanctions		• Contrôles, enquêtes • Vérifications fiscales (analyse de risques) • Poursuites et sanctions • Recouvrement de l'impôt
Évasion fiscale (planification fiscale agressive, mécanismes d'évasion)	Suivi et coopération		• Gestion des risques • Contrôles sur pièces et sur place • Premières visites des agents • Recouvrement de l'impôt
Discipline fiscale (déclaration volontaire, respect des obligations fiscales)	Accompagnement et implication		• Informations et formulaires • Coopération avec des groupements d'intérêts • Suivi horizontal • Rescrits

Identifier les risques et les menaces

23.   L'efficacité d'une stratégie passe tout d'abord par une évaluation des menaces, car une bonne connaissance des menaces à prendre en compte permet d'intervenir de manière ciblée. Les autorités fiscales disposent toutes de ressources limitées, qui doivent être allouées de manière efficiente en fonction des priorités. Pour ce faire, l'autorité fiscale devrait mettre en place une procédure afin de déterminer les menaces qui pèsent sur l'application de la législation fiscale, ainsi que leur gravité. En principe, l'évaluation d'une menace doit porter sur les risques actuels, émergents et futurs.

24.   Réaliser une évaluation des menaces de façon régulière présente l'avantage de permettre de pouvoir examiner ces risques en s'appuyant sur une base structurée. Un tel processus permet d'améliorer, en se fondant sur des priorités fixées en toute connaissance de cause, la prise de décisions visant à déterminer comment faire face aux divers niveaux d'indiscipline, et notamment lutter contre les délits fiscaux, avec plus d'efficacité.

25.   L'évaluation des menaces permet de mettre en évidence les risques spécifiquement liés aux délits fiscaux qui prédominent dans le pays. Elle devrait tenir compte du contexte ou de l'environnement (culturel, politique, juridique, économique et technologique) qui lui est propre et, s'il y a lieu, s'appuyer sur l'analyse des autres organismes chargés de lutter contre la délinquance financière. Il peut se révéler efficace de hiérarchiser les menaces en fonction des probabilités qu'elles se concrétisent et de l'impact qu'elles pourraient avoir.

26.   Plusieurs des pays ayant participé à l'enquête prennent des mesures pour identifier et évaluer en permanence les menaces. Ces mesures prennent souvent la forme d'une analyse régulière de l'environnement, du renseignement ou de la tendance/des prévisions. Un large éventail de sources de renseignement sont généralement prises en considération pour identifier les menaces émergentes, comme l'ensemble des informations détenues par l'administration fiscale, les observations des enquêteurs

et les informations remontant des affaires terminées, les bases de données sur les actifs, les données sur les opérations en devises, le renseignement de sources publiques, et les renseignements provenant d'autres organismes comme la police, les services sociaux, le ministère public, les autorités en charge de la corruption, des marchés publics, du travail, des douanes, de l'immigration ou des frontières, ainsi que du secteur public et des citoyens. Plusieurs pays ont indiqué que l'analyse des menaces tenait compte de l'impact possible sur les recettes, de la fréquence de la menace, de la probabilité d'occurrence et de la cohérence avec d'autres priorités stratégiques.

27.   Les résultats de l'évaluation des menaces peuvent faciliter l'identification des besoins spécifiques, comme l'établissement d'un groupe d'action interinstitutionnel pour faire face à un risque donné, le lancement d'une campagne de sensibilisation du public, le renforcement des capacités techniques dans un domaine particulier, ou encore la nécessité de dialoguer avec le secteur public ou d'éclairer les changements à apporter à la loi.

Les éléments essentiels d'une stratégie globale

28.   Il existe différentes méthodes pour concevoir une stratégie globale. Le diagramme ci-dessous illustre une approche possible pour définir une stratégie, en tenant compte de la nécessité de réviser cette stratégie au regard des résultats obtenus.

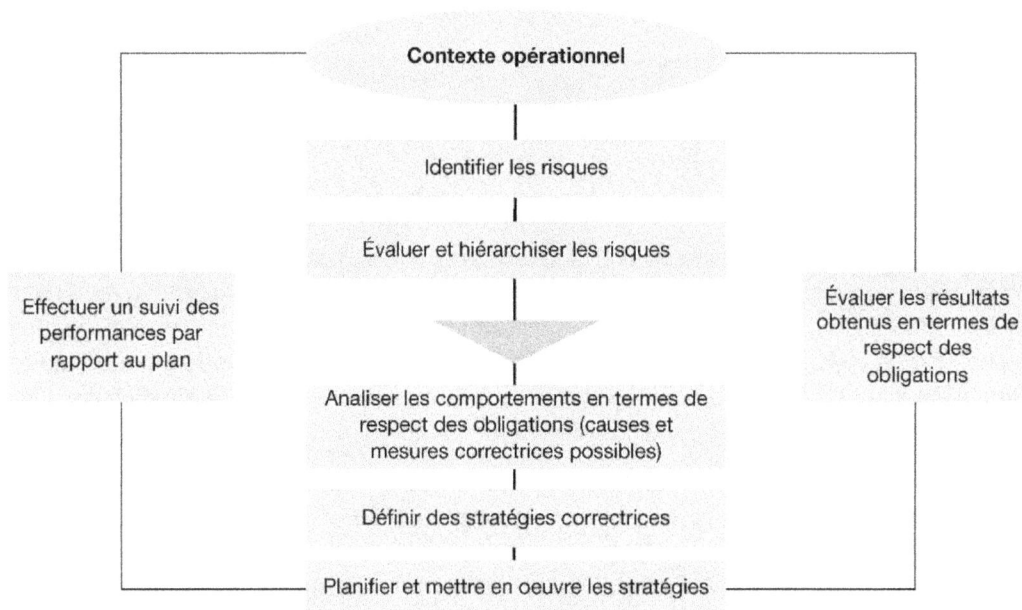

Source : (Russell, 2010[3])

29.   En tenant compte de l'évaluation des menaces, une stratégie efficace peut être définie en intégrant notamment les éléments suivants :

- définir les objectifs/indicateurs de performances/résultats. Cette étape peut s'articuler autour des objectifs de prévention, de détection et de répression ;
- déterminer les ressources disponibles pour faire face à ces risques (comme les pouvoirs juridiques, les financements, le personnel, l'expertise, les parties prenantes au sein d'autres organismes publics, les sources de renseignement, les outils d'enquête et de répression, dont la coopération nationale et internationale) ;

- identifier les difficultés rencontrées par l'administration fiscale pour faire face aux risques, et les moyens permettant d'atténuer ces difficultés ;
- élaborer un plan opérationnel pour atteindre les objectifs relatifs aux risques identifiés, utiliser les ressources et les outils disponibles et intégrer l'application du droit pénal ;
- définir une stratégie de communication, afin de modeler les perceptions et le comportement du public, notamment en rappelant les sanctions pénales sévères qui peuvent être infligées et en cherchant à exercer un effet dissuasif à l'occasion d'affaires fortement médiatisées. Elle peut aussi servir à éduquer le public et à gagner sa confiance dans la mise en œuvre équitable de la législation fiscale ;
- concevoir un plan pour examiner les performances et mesurer périodiquement l'efficacité et la pertinence de la stratégie pour le respect des obligations.

30.   La stratégie doit être fondée sur une large consultation de l'ensemble des parties prenantes, dont les responsables politiques, les enquêteurs, les responsables des autorités répressives et du ministère public et d'autres autorités comme celles qui luttent contre le blanchiment de capitaux, conformément au système juridique, au contexte de l'action publique, à l'environnement législatif et à la structure répressive générale du pays concerné. En particulier, sachant que les délits fiscaux graves peuvent donner lieu à d'autres infractions au droit pénal, notamment au blanchiment de capitaux (du fait que les délits fiscaux sont, dans la plupart des cas, une infraction principale du blanchiment de capitaux, comme indiqué au Principe 7 ci-dessous), les pays devraient envisager de prendre en compte les délits fiscaux dans une stratégie globale traitant des délits graves, ou dans une stratégie spécifiquement consacrée à la lutte contre la délinquance financière. Un certain nombre de pays définissent leurs stratégies en coordination avec d'autres organismes, comme l'autorité chargée de lutter contre la corruption, les unités de lutte contre la délinquance économique, la police, le ministère public, la cellule de renseignements financiers, les douanes, les autorités de tutelle des marchés des valeurs mobilières et le ministère de la Justice. Par exemple :

- La Norvège s'est dotée d'une stratégie nationale pour lutter contre le travail au noir et la délinquance économique.
- L'Autriche a mis en place une stratégie pour le respect des obligations fiscales et douanières, ainsi que d'une stratégie annuelle pour la sécurité intérieure qui porte plus largement sur la délinquance économique et le blanchiment de capitaux.
- L'autorité fiscale du Royaume-Uni contribue à l'Évaluation stratégique nationale des délits graves et en bande organisée.

31.   La stratégie de lutte contre la délinquance fiscale doit aussi prévoir un mécanisme permettant aux responsables des autorités fiscales pénales et non pénales de mettre en commun leur expertise, leurs processus et leurs renseignements. En effet, les responsables des questions fiscales pénales et non pénales entretiennent souvent des relations symbiotiques : la fonction non pénale dispose ainsi de renseignements utiles pour enquêter sur les délits fiscaux, renseignements portant à la fois sur des affaires spécifiques et des tendances générales. De même, la fonction pénale dispose aussi de renseignements utiles à des fins de vérification du respect des obligations fiscales au regard du droit civil, notamment dans des affaires où il n'est pas possible de tenter d'obtenir une condamnation pénale, mais où une vérification dans le cadre d'une procédure civile peut se justifier, ou dans des affaires où les renseignements ayant permis d'aboutir à une condamnation pénale peuvent être utiles pour faire avancer une procédure civile.

32.   La coordination stratégique entre les responsables des questions fiscales pénales et non pénales peut favoriser un emploi cohérent des ressources et un classement efficace des dossiers par ordre de priorité, et permettre d'éviter une duplication des efforts entre administration fiscale et autorités répressives mettant en œuvre des procédures pénales. Cela devrait également accroître la discipline fiscale dans son ensemble, produire un effet dissuasif lorsque le public est conscient que les fonctions pénales et non pénales coopèrent de manière efficace, et renforcer l'équité perçue par les contribuables qui s'acquittent

de leurs obligations. Cette coordination devra également tenir compte des mécanismes destinés à protéger les droits d'une personne dès lors qu'une question revêt des aspects relevant du droit pénal (voir les Principes 6 et 10 pour de plus amples informations).

33.   Tous les pays ayant répondu à l'enquête disposent d'une procédure permettant aux agents de l'administration fiscale de signaler des soupçons d'infractions fiscales à l'autorité chargée de l'application des lois, et dans la plupart des cas, le signalement est même une obligation légale. Parmi les caractéristiques essentielles garantissant l'efficacité de ce processus, figurent les formations suivies par les responsables des autorités fiscales civiles pour être capables d'identifier les indices d'un délit ; l'existence d'un point de contact central et clairement identifié pour la transmission des dossiers ; l'utilisation d'un formulaire standard afin que toutes les données pertinentes soient mentionnées et puissent donc être utilisées par l'autorité chargée des enquêtes pénales ; et la tenue de réunions pour que les enquêteurs des autorités civiles et pénales puissent faire part de leurs réactions, notamment pendant le processus visant à déterminer la suite à donner aux différents dossiers transmis.

34.   Les étapes précises de la transmission des dossiers dépendent du cadre juridique et opérationnel en place dans chaque pays. Dans des pays comme l'Argentine et le Brésil par exemple, les vérificateurs sont légalement tenus de signaler tout soupçon d'infraction, y compris d'infraction à caractère fiscal, aux autorités répressives compétentes.

35.   En France, les soupçons d'infractions fiscales donnant lieu à des rappels d'impôts de plus de 100 000 EUR sont directement signalés au ministère public. Les affaires portant sur des montants inférieurs à 100 000 EUR sont soumises à la *Commission des Infractions Fiscales* (CIF), autorité administrative indépendante ayant pour mission d'analyser le signalement avant de l'adresser au ministère public. La France indique qu'en 2019, elle a dénombré 965 cas de signalements, en vue d'une enquête pénale, effectués à la suite de vérifications fiscales, et que la CIF a autorisé l'ouverture de 672 enquêtes pénales pour des infractions de fraude fiscale d'un montant inférieur à 100 000 EUR pendant la même période.

36.   Les signalements de soupçons d'infractions fiscales sont pris en compte dans les principaux indicateurs de performance de l'Agence du revenu du Canada.

Exemples de stratégies nationales de lutte contre les délits fiscaux

37.   Au Royaume-Uni, il existe un large éventail de documents formant le socle de la stratégie globale en matière de prévention des délits fiscaux et d'enquêtes et de poursuites relatives à ces délits. En mars 2019, Her Majesty's Revenue and Customs (HMRC) a, en partenariat avec Her Majesty's Treasury (HMT), rendu publique la stratégie du Royaume-Uni pour combattre l'évasion et la fraude fiscales ainsi que d'autres formes de non-respect des obligations en vigueur (HMRC & HMT, 2019[4]) Le document publié décrit la stratégie du Royaume-Uni et la manière dont la discipline fiscale est appréhendée selon les différents contribuables. Dans le cadre de cette stratégie globale, le Royaume-Uni procède à des évaluations poussées des menaces, et HMRC mène des consultations avec diverses parties prenantes, au nombre desquelles les autorités répressives spécialisées, d'autres administrations, des partenaires internationaux et le secteur privé.

38.   Aux Pays-Bas, le Service d'information et de recherche en matière fiscale (FIOD) travaille en étroite coopération avec l'administration des impôts et des douanes (NTCA) et le ministère public dans le cadre d'un dispositif décrit comme un mécanisme mixte de mise en application. Cette stratégie exige des processus de prise de décisions souples et rapides reposant sur des principes directeurs et des protocoles. Le protocole de notification et de sanction des infractions fiscales et des infractions en lien avec des franchises de droits de douane décrit par exemple comment la NTCA, le FIOD et le ministère public s'entendent pour prendre une décision conjointe sur la question de savoir s'il y a lieu, ou non, d'ouvrir une

enquête pénale dans le cas d'infractions au droit fiscal ou douanier. Ce protocole définit les critères permettant de déterminer quand une affaire devient éligible à une éventuelle procédure pénale (en fonction du caractère intentionnel des actes commis, des montants concernés, etc.). En outre, les trois instances s'entendent également chaque année sur une stratégie de mise en application, qui comporte la description d'un plan de lutte contre les infractions aux lois et réglementations en vigueur dans les domaines fiscal, financier et économique, recouvrant notamment des accords de coopération entre les partenaires parties à la mise en application, ainsi qu'une description du déroulement des interventions, des effets des poursuites sur la société et des évolutions futures. L'utilisation des médias, la transformation numérique, l'innovation et la hiérarchisation des thèmes par ordre de priorité sont autant de paramètres qui sont tous pris en compte dans cette stratégie.

39.   La stratégie d'Israël en matière de délinquance fiscale a pour but d'intensifier la coopération entre la police, l'administration fiscale (Tax Authority-ITA), l'Autorité de réglementation des valeurs mobilières (Securities Authority), le ministère de la Justice, l'Autorité de la concurrence (Antitrust Authority) et l'Autorité de lutte contre le blanchiment. Le résultat de cette stratégie est une nouvelle structure mixte qui renforce la capacité de ces divers organismes de conduire des actions répressives conjointes. Israël note que la nouvelle structure à vocation répressive a permis de mener un certain nombre d'enquêtes qui n'auraient pas été réalisables sans son intervention et dans le cadre desquelles chaque instance a apporté sa propre expertise. De plus, l'administration fiscale organise des réunions avec des conseillers juridiques et fiscaux (membres d'associations telles que le Barreau, l'ordre des experts-comptables ou l'association des conseillers fiscaux) afin de promouvoir une meilleure application de la législation fiscale.

Encadré 2.1. Exercices d'évaluation des risques pour la détection des professionnels facilitant la commission d'infractions

De nombreux pays disposent d'équipes spécialisées chargées de veiller au respect de la législation dans des domaines connus pour leur complexité, comme le ciblage des intermédiaires fiscaux associés à plusieurs sociétés écrans ou commercialisant des structures extraterritoriales. Nombre d'entre eux ont ainsi recueilli des renseignements sur des intermédiaires fiscaux associés à des entreprises ou des prestataires de services étrangers qu'ils ont pu utiliser dans le cadre d'analyses de données et de stratégies de vérification. D'après les retours d'informations, les pays et territoires étrangers connus pour être des « foyers » d'activité de certaines structures de fraude fiscale sont souvent utilisés à plusieurs reprises par les mêmes intermédiaires. La découverte d'une structure ou d'un prestataire de services malintentionné permet aux autorités fiscales de cibler d'autres structures créées par les mêmes intermédiaires. Cela dit, ces remontées d'informations montrent aussi que ces foyers peuvent changer, par exemple lorsque l'un d'eux a été repéré ou lorsqu'une nouvelle stratégie est élaborée ; les stratégies nationales de lutte contre les professionnels facilitant la commission d'infractions doivent donc autoriser une certaine souplesse et pouvoir être adaptées en fonction des nouveaux renseignements et informations reçus.

Pour que les exercices d'évaluation des risques englobent une analyse de la participation de professionnels facilitant la commission d'infractions, certains des indicateurs suivants pourraient employés :

- L'entreprise n'occupe pas les locaux déclarés
- Les adresses des entités ou administrateurs sont introuvables
- Plusieurs sociétés écrans ont la même adresse
- Plusieurs entreprises ont des administrateurs communs

- L'adresse de l'entreprise est celle d'une boîte postale connue pour être celle d'entreprises sans existence légale

- Professionnels dégageant un chiffre d'affaire élevé d'activités liées à la liquidation de petites entreprises

- Professionnels qui proposent des dispositifs fiscaux sur la base de primes ou d'honoraires subordonnés aux résultats, ou une protection contractuelle qui garantit la couverture de tout passif financier résultant de la stratégie fiscale

- Mesure dans laquelle un particulier nommé à plusieurs postes d'administrateur ne pourrait assurer ses fonctions avec sérieux et efficacité

- Intermédiaires fiscaux ayant de mauvais antécédents en matière de conformité et de déclaration

- Personnes en rapport avec des intermédiaires fiscaux connus

- Personnes en rapport avec des structures de fraude fiscale connues

- Personnes en rapport avec des structures extraterritoriales connues qui dissimulent la propriété effective pour favoriser les comportements frauduleux

Source : (OCDE, 2021[2])

Références

HMRC & HMT (2019), *Tackling tax avoidance, evasion, and other forms of non-compliance*, https://assets.publishing.service.gov.uk/government/uploads/system/uploads/attachment_data/file/785551/tackling_tax_avoidance_evasion_and_other_forms_of_non-compliance_web.pdf. [2]

OCDE (2021), *En finir avec les montages financiers abusifs : Réprimer les intermédiaires qui favorisent les délits fiscaux et la criminalité en col blanc*, OCDE, http://www.oecd.org/fr/fiscalite/delits/en-finir-avec-les-montages-financiers-abusifs-reprimer-les-intermediaires-qui-favorisent-les-delits-fiscaux-et-la-criminalite-en-col-blanc.htm. [3]

Russell, B. (2010), *Revenue Administration: Developing a Taxpayer Compliance Program*, Fonds monétaire internaional, Washington D.C., https://www.imf.org/en/Publications/TNM/Issues/2016/12/31/Revenue-Administration-Developing-a-Taxpayer-Compliance-Program-23949. [1]

Principe 3 : Pouvoirs d'enquête

Les autorités chargées d'enquêter sur les délits fiscaux doivent disposer des pouvoirs d'enquête adéquats.

Introduction

40.   La finalité d'une enquête (fiscale) pénale est d'établir la vérité en enquêtant sur des comportements (fiscaux) délictueux présumés. Lorsqu'ils mènent une enquête, les enquêteurs s'efforcent en règle générale de trouver et d'analyser des renseignements leur permettant de déterminer si un délit a été commis ou non. Les enquêtes peuvent conduire à la découverte de preuves mettant en cause la personne concernée (éléments « à charge ») ou confirmant son innocence (éléments « à décharge »). Les autorités chargées des poursuites s'en servent pour décider s'il y a lieu, ou non, de poursuivre le prévenu. Les contrevenants cherchant à dissimuler la nature délictueuse de leur comportement, les autorités répressives spécialisées dans le droit pénal doivent disposer d'un éventail approprié de pouvoirs d'enquête afin d'obtenir les informations nécessaires. En particulier, pour ce qui est des enquêtes sur les infractions fiscales, il est extrêmement utile de pouvoir enquêter efficacement sur la source et sur les mouvements des actifs financiers. Cela peut être déterminant pour établir la commission d'une fraude, et pour identifier le rôle d'un intermédiaire ou d'un complice, même lorsque les actifs eux-mêmes n'ont pas été déplacés.

41.   Selon l'organisme qui est chargé d'enquêter sur les délits fiscaux (voir le Principe 5 pour plus de détails), la nature et l'ampleur des pouvoirs d'enquête peut varier. D'une manière générale, la compétence relative à la conduite des enquêtes fiscales pénales suit l'un des quatre modèles ci-dessous, qui sont décrits dans la publication *Effective Inter-agency Co-operation In Fighting Tax Crimes And Other Financial Crimes, Third Edition*, 2017 (le « Rapport de Rome ») (OCDE, 2017[5]).

Modèles généraux d'organisation des enquêtes sur les délits fiscaux			
Modèle 1	**Modèle 2**	**Modèle 3**	**Modèle 4**
L'administration fiscale dirige et conduit les enquêtes	L'administration fiscale conduit les enquêtes, sous la direction du parquet	Un organisme spécialisé ne relevant pas de l'administration fiscale conduit les enquêtes fiscales, auxquelles des procureurs peuvent être associés	La police ou le parquet conduit les enquêtes

42.   Une administration fiscale qui mène des enquêtes pénales selon le modèle 1 ne dispose pas toujours de toute la gamme des pouvoirs d'enquête, ni de l'expertise ou des ressources correspondantes, notamment du pouvoir de procéder à des visites et des saisies, d'intercepter des communications ou d'exiger la production de documents. Si l'administration fiscale est responsable de la conduite des enquêtes pénales, mais qu'elle ne dispose pas elle-même de toute la gamme des pouvoirs d'enquête, elle devrait toutefois pouvoir en disposer de manière indirecte en cas de besoin, notamment en faisant appel à la police ou à un autre organisme susceptible de fournir des services d'enquête.

43.   Dans les modèles d'organisation 2 et 4, lorsque c'est la police ou le parquet qui conduit et/ou dirige les enquêtes, les pouvoirs d'enquête sont selon toute probabilité similaires à ceux dont dispose la police lorsqu'elle mène d'autres enquêtes financières. Dans le modèle 3, c'est un organisme distinct de l'administration fiscale qui est chargé d'enquêter sur les affaires de délinquance fiscale, et les pouvoirs d'enquête sont aussi très probablement similaires à ceux de la police.

44.   Quel que soit le modèle d'organisation utilisé, les organismes chargés d'enquêter sur les infractions fiscales devraient disposer des pouvoirs d'enquête qu'ils jugent nécessaires et efficaces dans le cadre de leur mandat, en tenant compte de la possibilité qui leur est offerte de travailler avec d'autres autorités répressives susceptibles d'être investies d'autres pouvoirs. En dehors des sources d'information plus traditionnelles, ces pouvoirs d'enquête devraient leur donner accès à des informations et à des preuves numériques.

45.   La situation, en ce qui concerne les pouvoirs d'enquête, dans les pays ayant répondu à l'enquête est décrite ci-après. Tout au long de la présente section du guide, on notera que les circonstances précises et les procédures juridiques à suivre pour faire usage de ces pouvoirs varient. Le fait, pour un pays, de détenir des « pouvoirs directs » ne signifie pas que le pouvoir en question peut être utilisé dans toutes les enquêtes concernant une infraction fiscale, mais que l'organisme a la possibilité de l'exercer lui-même dans les circonstances autorisées (y compris lorsqu'un mandat ou une autorisation judiciaire est délivrée à l'organisme). La possibilité de disposer de pouvoirs indirects par l'intermédiaire d'un autre organisme correspond à un système dans lequel le pouvoir serait exercé par un organisme différent ne relevant pas de l'autorité chargée des enquêtes fiscales pénales, comme la police.

Pouvoir d'obtenir des informations documentaires détenues par des tiers

46.   Le pouvoir d'obtenir des informations peut être nécessaire pour avoir accès à des documents et à des informations détenues par des établissements financiers et d'autres tiers. Ce pouvoir permet d'exiger d'un tiers qu'il communique des documents ou des informations dans un délai précis. Si cette demande n'est pas satisfaite, des pouvoirs plus intrusifs autorisant la visite de locaux ou la recherche de supports numériques peuvent alors être utilisés. Le pouvoir d'obtenir des informations documentaires détenues par un tiers est particulièrement adapté lorsque les informations recherchées ne sont pas immédiatement disponibles sous forme physique (comme dans le cas des banques qui ne conservent pas de copies papier des relevés bancaires de leurs clients, ou des données des fournisseurs de télécommunications) car il lui accorde un délai pour rassembler les supports exigés. Ce pouvoir peut prendre la forme d'une citation à comparaître, d'une injonction de produire ou d'autres pouvoirs permettant d'exiger ou d'imposer la

communication d'informations documentaires. Il existe dans les pays ayant répondu à l'enquête comme suit :

Tableau 3.1. Pouvoir d'obtenir des informations documentaires détenues par des tiers

Pouvoirs directs pleins et entiers L'organisme responsable des enquêtes sur les délits fiscaux peut être autorisé à exercer lui-même ces pouvoirs			Pouvoirs indirects, par l'intermédiaire d'un autre organisme L'organisme responsable des enquêtes sur les délits fiscaux peut solliciter l'assistance d'un autre organisme afin d'exercer les pouvoirs en son nom	Inexistants
Argentine	Allemagne[5]	Pays-Bas	Australie[11]	
Australie[1]	Grèce[6]	Nouvelle- Zélande	Brésil	
Autriche	Honduras	Norvège	Suède[12]	
Azerbaïdjan	Hongrie	Afrique du Sud		
Canada	Islande	Espagne[8]		
Chili	Irlande	Suède[9]		
Colombie	Israël	Suisse[10]		
Costa Rica[2]	Italie	États-Unis		
République tchèque[3]	Japon	Royaume-Uni		
France	Corée			
Géorgie[4]	Mexique[7]			

1. AFP
2. Les enquêteurs civils ont le pouvoir d'obtenir des documents de tiers sans mandat (excepté dans le cas de renseignements financiers, pour lesquels une ordonnance judiciaire est requise). Le Parquet peut également faire usage de ce pouvoir, mais uniquement sur mandat délivré par un juge.
3. Police
4. Les enquêteurs doivent déposer une demande écrite auprès du tribunal, lequel décide s'il y a lieu, ou non, de délivrer un mandat pour l'obtention de documents détenus par des tiers.
5. Une ordonnance judiciaire est généralement requise. Une exception s'applique lorsqu'une ordonnance judiciaire ne peut être obtenue sans mettre en péril la finalité de la mesure.
6. DPF, YEDDE et CRF
7. La SAT et la PFF peuvent réunir et analyser l'ensemble des documents et renseignements relatifs à la commission des infractions pénales à caractère fiscal et demander, obtenir et analyser les renseignements recueillis auprès de tiers.
8. En dehors des renseignements fiscaux, AT s'en remet au service de recherche des douanes, à la police et au procureur anti-corruption pour obtenir des documents auprès de tiers.
9. EBM
10. Restriction applicable aux administrations fiscales cantonales : les renseignements ne peuvent obtenus directement auprès des banques.
11. ATO
12. STA-CRF

47. On notera que ce pouvoir d'enquête particulier peut avoir le même objectif que les pouvoirs dont disposent les inspecteurs et contrôleurs des impôts lorsqu'ils procèdent à une vérification fiscale dans le cadre d'une procédure civile, à savoir obtenir des informations. Des mesures de protection des droits procéduraux devant s'appliquer dès lors qu'une enquête civile devient une enquête pénale, afin de protéger les droits du suspect, il importe de déterminer à quel moment cette ligne est franchie (voir le Principe 10). Dans certains pays, les actions civiles doivent prendre fin à ce stade, alors que dans d'autres, les pouvoirs permettant d'obtenir des informations aux fins de l'enquête civile peuvent tout de même être exercés et les actions civiles peuvent être menées parallèlement à la conduite d'une enquête pénale.

48. Toutefois, exercer des pouvoirs de nature civile pour les besoins d'une enquête pénale peut constituer un abus de pouvoir et les éléments de preuve recueillis ne pas être recevables devant les tribunaux. Les mesures de protection des droits procéduraux revêtent une importance particulière dans le modèle d'organisation 1 mentionné ci-dessus, dans lequel l'administration fiscale procède à des enquêtes ou des vérifications dans le cadre d'une procédure civile et est également habilitée à conduire des

enquêtes pénales. Dans un tel modèle, il est important de prendre des mesures ou de mettre en place une structure organisationnelle ou une procédure opérationnelle standard pour éviter toute interférence entre des vérifications/enquêtes réalisées dans le cadre d'une procédure civile et des enquêtes pénales, et d'empêcher ainsi tout abus de pouvoir.

Pouvoir de perquisition

49.   Ce pouvoir d'enquête concerne la visite d'un lieu et la capacité de rechercher et de saisir des preuves matérielles comme des livres ou états comptables et autres documents permettant de constater un délit fiscal. Ce pouvoir permet généralement à l'autorité chargée des enquêtes de faire un usage raisonnable de la force pour pénétrer un lieu en cas de besoin. Ce pouvoir existe dans les pays ayant répondu à l'enquête comme suit :

Tableau 3.2. Pouvoir de perquisition

Pouvoirs directs pleins et entiers L'organisme responsable des enquêtes sur les délits fiscaux peut être autorisé à exercer lui-même ces pouvoirs			Pouvoirs indirects, par l'intermédiaire d'un autre organisme L'organisme responsable des enquêtes sur les délits fiscaux peut solliciter l'assistance d'un autre organisme afin d'exercer les pouvoirs en son nom	Inexistants
Argentine	Géorgie	Pays-Bas	Australie[7]	Suisse[9]
Australie[1]	Allemagne	Nouvelle- Zélande	Honduras	
Autriche	Grèce[3]	Norvège	Italie	
Azerbaïdjan	Hongrie	Afrique du Sud	Suède[8]	
Canada	Islande	Espagne[4]		
Colombie	Irlande	Suède[5]		
Costa Rica	Israël	Suisse[6]		
Brésil	Italie	Royaume-Uni		
République tchèque[2]	Japon	États-Unis		
Finlande	Corée			
France	Mexique			

1. AFP
2. Police
3. DPF, YEDDE et CRF
4. Les demandes sont transmises par le Procureur anti-corruption et le Service de recherche des douanes ou la police.
5. EBM
6. Administration fiscale fédérale ou ministère public.
7. ATO
8. STA-CRF
9. Administrations fiscales cantonales

50.   Le pouvoir de perquisition devrait s'accompagner des garanties correspondantes pour assurer le respect de la vie privée des personnes concernées et éviter toute visite « déraisonnable ». Dans ces conditions, le pouvoir de perquisition peut être limité par une condition imposant l'existence de motifs raisonnables de croire qu'un délit a été commis et l'obtention d'autorisations de procédure, comme un mandat.

Pouvoir d'interception des correspondances et des communications

51.   Il s'agit ici du pouvoir d'analyser les communications d'une personne, et notamment ses courriels, discussions en ligne, médias sociaux, dispositifs de localisation et enregistreurs des numéros composés

(appareils permettant d'enregistrer les numéros de téléphone pour les appels entrants et sortants), enregistreurs de frappe, adresses IP, communications sur l'Internet clandestin (dark web) et bien d'autres types d'interceptions. Cela peut constituer une source d'information importante pour recueillir de nouveaux éléments de preuve à charge et à décharge, réunir les éléments nécessaires pour obtenir un mandat de perquisition, ou identifier les lieux potentiels à visiter, les associés et les coparticipants au délit, ainsi que les avoirs criminels. L'expérience des pays montre que le pouvoir d'interception des communications varie, puisque ce pouvoir est relativement intrusif et qu'il ne peut être utilisé que dans les cas les plus graves. Ce pouvoir existe dans les pays ayant répondu à l'enquête comme suit :

Tableau 3.3. Pouvoir d'interception des correspondances et des communications

Pouvoirs directs pleins et entiers L'organisme responsable des enquêtes sur les délits fiscaux peut être autorisé à exercer lui-même ces pouvoirs		Pouvoirs indirects, par l'intermédiaire d'un autre organisme L'organisme responsable des enquêtes sur les délits fiscaux peut solliciter l'assistance d'un autre organisme afin d'exercer les pouvoirs en son nom		Inexistants	
Argentine	Hongrie[3]	Australie[4]	Honduras	Chili	Suisse
Australie[1]	Italie	Brésil	Islande	Costa Rica[11]	États-Unis
Autriche	Mexique	Costa Rica[5]	Israël[9]	Irlande	
Azerbaïdjan	Pays-Bas	République tchèque[6]	Italie	Japon	
Brésil	Royaume-Uni	France	Espagne	Corée	
Canada		Allemagne	Afrique du Sud	Norvège	
Colombie		Géorgie[7]	Suède[10]	Nouvelle-Zélande[12]	
Grèce[2]		Grèce[8]			

1. AFP pour les télécommunications
2. CRF
3. NTCA (Administration néerlandaise des impôts et des douanes)
4. ATO
5. Le Parquet peut demander qu'un organisme d'enquête judiciaire (*Organismo de Investigación Judicial; OIJ*) se charge de l'interception des correspondances et des communications, mais une autorisation préalable d'un juge est requise.
6. Police
7. Organisme opérationnel-technique (Responsabilité professionnelle au regard du respect du droit)
8. DPF et YEDDE
9. L'administration fiscale israélienne a tout pouvoir pour intercepter les correspondances et les communications, une ordonnance judiciaire est toutefois requise.
10. Les procureurs de la SECA peuvent ordonner aux officiers de police de les assister dans tous types d'affaires. Le Service d'enquête sur l'évasion fiscale ne peut agir de sa propre initiative. Il doit passer par le procureur.
11. Les enquêteurs civils n'ont pas le pouvoir d'intercepter les communications.
12. Pouvoir d'ouvrir les correspondances trouvées dans les locaux lors d'une perquisition et d'obtenir des données tirées de communications auprès de prestataires de services tiers.

Pouvoir de rechercher et de saisir du matériel informatique, des logiciels, des téléphones portables et des supports électroniques

52.   Les enquêteurs chargés des délits fiscaux peuvent avoir besoin de rechercher et de saisir des éléments de preuve sous forme numérique et de disposer à cette fin des compétences techniques voulues. Si le pouvoir de visite accordé pour obtenir des preuves mentionné ci-dessus porte essentiellement sur la recherche et la saisie de preuves matérielles, le présent pouvoir d'enquête concerne essentiellement la capacité de se procurer des preuves numériques comme des courriels, des messages textuels, des documents électroniques et des relevés bancaires. Ce type de preuve peut se trouver dans du matériel informatique, des logiciels, des téléphones portables ou dans divers supports électroniques, y compris

dans le *cloud*. Pour certains pays, il se peut que la description des pouvoirs d'enquête figurant dans la loi ne soit pas encore au diapason d'un paysage numérique en mutation rapide, et puisse appeler une réforme. Ce pouvoir existe dans les pays ayant répondu à l'enquête comme suit :

Tableau 3.4. Pouvoir de rechercher et de saisir du matériel informatique, des logiciels, des téléphones portables et des supports électroniques

Pouvoirs directs pleins et entiers L'organisme chargé des enquêtes en matière de délinquance fiscale peut être autorisé à exercer lui-même ce pouvoir			Pouvoirs indirects, par l'intermédiaire d'un autre organisme L'organisme responsable des enquêtes sur les délits fiscaux peut solliciter l'assistance d'un autre organisme afin d'exercer les pouvoirs en son nom	Inexistants
Australie[1]	Géorgie	Mexique	Argentine	
Autriche	Allemagne	Pays-Bas	Australie[6]	
Azerbaïdjan	Grèce[3]	Nouvelle- Zélande	République tchèque[7]	
Brésil	Hongrie	Norvège	Chili	
Canada	Islande	Afrique du Sud	Honduras	
République tchèque[2]	Irlande	Espagne	Israël	
Chili	Israël	Suède[4]	Suède[8]	
Colombie	Italie	Suisse[5]	Suisse[9]	
Costa Rica	Japon	Royaume-Uni		
France	Corée	États-Unis		

1. AFP
2. Police ; injonction de produire une pièce, saisie d'une pièce.
3. DPF, YEDDE et CRF
4. EBM
5. Administration fiscale fédérale ou ministère public
6. ATO
7. Police
8. STA-CRF
9. Administrations fiscales cantonales

53.   Ce pouvoir est devenu essentiel, la technologie étant de plus en plus utilisée pour commettre des délits fiscaux et en transférer les produits.

54.   Pendant une visite de domicile ou de bureaux, des documents peuvent être analysés afin de déterminer rapidement s'ils sont visés ou non par le mandat de perquisition et utiles pour l'enquête. Toutefois, les supports numériques peuvent contenir des centaines de milliers de courriels, documents et messages textuels, créés sur de nombreuses années, et pas nécessairement liés au délit fiscal. Il est donc difficile, voire impossible, de déterminer pendant la visite si une information électronique entre ou non dans le champ du mandat et si elle est utile. Par conséquent, la visite peut notamment consister à créer une copie ou une image numérique des données détenues, et à examiner le contenu dans un laboratoire scientifique afin de déterminer quelles informations sont situées dans le champ du mandat de perquisition et utiles pour l'affaire objet de l'enquête.

Encadré 3.1. Exemple de mise en œuvre réussie de la stratégie de lutte contre la délinquance fiscale des Pays-Bas face à des « mélangeurs » de crypto-monnaies

En 2020, le Service d'information et d'enquêtes en matière fiscale (FIOD) et le ministère public ont fermé l'un des plus gros « mélangeurs » en ligne de cryptomonnaies hors ligne, dénommé *Bestmixer.io*. Cette opération a porté un coup très rude à la dissimulation de flux d'argent sale au moyen de transactions effectuées sur un mélangeur de crypto-monnaies, notamment de bitcoins. Six serveurs en activité ont été démantelés et saisis aux Pays-Bas et au Luxembourg. L'enquête a été menée en étroite coopération avec l'équipe chargée, aux Pays-Bas, des intrusions numériques (DIGIT-Digital Intrusion Team), Europol et les autorités luxembourgeoises, françaises et lettonnes. En juin 2018, l'équipe chargée de la cybersécurité financière avancée (FACT-Financial Advanced Cyber Team) du FIOD a entrepris d'enquêter sous la supervision du Bureau du Parquet national chargé des fraudes graves, de la délinquance environnementale et de la confiscation des actifs. Cette enquête trouve son origine dans un rapport de la société de cybersécurité McAfee.

Elle a permis de réunir des renseignements relatifs à des transactions réalisées entre des clients et *Bestmixer.io*. Il s'agissait de clients de toutes les régions du monde, implantés en particulier aux États-Unis, en Allemagne et aux Pays-Bas. Le FIOD a analysé les renseignements avec le concours d'Europol. Les données ont été ensuite partagées avec d'autres pays. Du côté obscur du web, sur l'Internet clandestin, les cryptomonnaies sont un moyen de paiement fréquemment utilisé et souvent utilisé par les milieux criminels. Un mélangeur de cryptomonnaies est une plateforme en ligne offrant la possibilité de dissimuler l'origine ou la destination des cryptomonnaies. C'est une plateforme qui peut être utilisée pour séparer des cryptomonnaies en contrepartie du versement d'une commission, avant qu'elles soient mélangées à nouveau pour former des combinaisons différentes.

Les individus qui ont recours à un mélangeur le font probablement pour renforcer leur anonymat. À ce jour, l'enquête a montré que les cryptomonnaies mélangées avaient une origine ou une destination criminelle. En l'espèce, le mélangeur était probablement utilisé pour dissimuler et blanchir des flux d'argent sale. Le chiffre d'affaires total réalisé sur les marchés de l'Internet clandestin s'élève approximativement à 800 millions USD par an. On pense qu'une grande partie des paiements effectués via l'Internet clandestin le sont via des mélangeurs afin de blanchir de l'argent (de la cryptomonnaie) sale.

Bestmixer.io était l'un des plus grands mélangeurs de cryptomonnaies et offrait des services de mélange de cryptomonnaies comme le Bitcoin, le Bitcoin Cash et le Litecoin. Cette plateforme est entrée en activité en mai 2018 et a réalisé un chiffre d'affaires d'au moins 200 millions USD (soit approximativement 25 000 bitcoins) en l'espace d'un an en garantissant à ses clients la préservation de leur anonymat. L'opération menée contre *Bestmixer.io* marque une avancée importante et décisive dans la lutte contre la circulation d'argent sale en général, et contre les flux d'argent sale virtuel en particulier.

55.　　En Australie, par exemple, la police est habilitée à faire fonctionner le matériel électronique découvert dans les locaux visés par le mandat de perquisition afin d'accéder aux données (y compris celles qui ne sont pas détenues dans les locaux). Si les données consultées constituent des éléments de preuve, elles peuvent être copiées et supprimées en faisant fonctionner le matériel ou, si cela est impossible, en saisissant le matériel. Un bien découvert dans les locaux visés par le mandat peut être récupéré pendant 14 jours au plus pour être examiné ou traité afin de déterminer s'il peut être saisi dans le cadre du mandat, si cela s'avère nettement plus commode en termes de délai, de coût d'examen ou de traitement du bien et de possibilité d'obtenir l'assistance d'un expert. Ce procédé s'est révélé particulièrement utile dans les grandes enquêtes complexes sur des cas d'évasion fiscale, qui exigent qu'un grand nombre de données soient examinées sur des supports numériques afin d'identifier les éléments de preuve utiles.

56.   La recherche et la saisie de données numériques contenues dans des ordinateurs et autres appareils électroniques peuvent aussi poser des problèmes juridiques. Les données à caractère personnel trouvées dans un appareil électronique peuvent ne pas concerner un délit fiscal présumé, ou comprendre des données protégées par un secret professionnel juridique. Il faudra peut-être que la visite soit soigneusement encadrée pour qu'elle s'en tienne aux termes de l'autorisation. Des problèmes juridiques peuvent également découler de la recherche et de la saisie d'ordinateurs et autres appareils électroniques. C'est tout particulièrement le cas lorsque les pouvoirs de visite prévus par la loi désignent explicitement la recherche ou la saisie de documents physiques, ou lorsqu'une personne conteste la recherche de supports numériques en faisant valoir qu'elle est d'une ampleur excessive et sort du champ du mandat de l'autorité chargée des visites ou qu'elle pourrait porter sur des documents confidentiels.

57.   Les données tirées de l'enquête montrent que les problèmes les plus couramment rencontrés par les autorités dans la recherche et la saisie de supports numériques concernaient les données stockées hors du pays ou dans le *cloud*, leur législation les autorisant uniquement à rechercher les données stockées au niveau local. Les pays ont également cité les problèmes découlant de la recherche d'importants volumes de données, de données protégées par des mots de passe cryptés, et de données dont l'accès est proscrit par la législation sur le secret professionnel. Parmi les solutions possibles mentionnées par les pays figurent le développement d'un système informatique capable de trier les principales données utiles et une formation à l'informatique spécifiquement conçue pour les professionnels des enquêtes sur les délits fiscaux.

Pouvoir d'audition

58.   Ce pouvoir d'enquête désigne la capacité d'entendre des suspects, des prévenus et des témoins afin d'obtenir des informations.

59.   Le pouvoir d'audition permet généralement d'organiser une audition, plutôt que de contraindre une personne à parler ou à donner des informations pendant cette audition. Il convient d'établir une distinction entre les suspects, les prévenus et les témoins. Le fait qu'un suspect fournisse ou non des informations pendant l'audition dépendant de sa coopération volontaire. Cela procède du droit du suspect à garder le silence et de son droit à ne pas s'incriminer lui-même. C'est pourquoi les suspects devraient être mis en garde au début de l'audition. En ce qui concerne les témoins, bien qu'ils ne jouissent pas de ce droit au silence, les immunités prévues par la loi et les dispositions relatives au secret professionnel peuvent s'appliquer, par exemple pour les membres de la famille ou certaines professions. Ce pouvoir existe dans les pays ayant répondu à l'enquête comme suit :

Tableau 3.5. Pouvoir d'audition

Pouvoirs directs pleins et entiers L'organisme responsable des enquêtes sur les délits fiscaux peut être autorisé à exercer lui-même ces pouvoirs			Pouvoirs indirects, par l'intermédiaire d'un autre organisme L'organisme responsable des enquêtes sur les délits fiscaux peut solliciter l'assistance d'un autre organisme afin d'exercer les pouvoirs en son nom	Inexistants
Argentine	Allemagne	Nouvelle- Zélande	Australie[4]	Irlande
Australie[1]	Grèce[3]	Norvège	Grèce[5]	
Autriche	Honduras	Afrique du Sud		
Azerbaïdjan	Hongrie	Espagne		
Brésil	Islande	Suède		
Canada	Israël	Suisse		
Chili	Italie	Royaume-Uni		
Colombie	Japon	États-Unis		
Costa Rica	Corée			
République tchèque[2]	Mexique			
Géorgie	Pays-Bas			

1. AFP et ACIC
2. Police
3. DPF et YEDDE
4. ATO
5. CRF

60.   Les pays peuvent aussi accorder le pouvoir de rendre obligatoire la communication d'informations, et notamment un pouvoir d'enquête permettant de citer des témoins potentiels à comparaître devant un tribunal ou une cour afin de répondre à des questions sous serment. Cet outil peut être particulièrement efficace lorsqu'une personne rechigne à fournir des informations, par exemple lorsqu'elle est liée par des obligations contractuelles de confidentialité. Toutefois, les immunités prévues par la loi et le droit d'un suspect à garder le silence continuent de s'appliquer. Ce pouvoir existe dans les pays ayant répondu à l'enquête comme suit :

Tableau 3.6. Pouvoirs d'imposer la communication d'informations

Pouvoirs directs pleins et entiers L'organisme responsable des enquêtes sur les délits fiscaux peut être autorisé à exercer lui-même ces pouvoirs			Pouvoirs indirects, par l'intermédiaire d'un autre organisme L'organisme responsable des enquêtes sur les délits fiscaux peut solliciter l'assistance d'un autre organisme afin d'exercer les pouvoirs en son nom	Non disponible
Australie[1]	Géorgie	Norvège	Argentine	Chili
Autriche	Allemagne	Afrique du Sud	Australie[3]	Grèce
Azerbaïdjan	Hongrie	Espagne		Irlande
Brésil	Honduras	Suède		Japon
Canada	Islande	Suisse[2]		Corée
Colombie	Italie	Royaume-Uni		
Costa Rica	Pays-Bas	États-Unis		
République tchèque	Mexique			
France	Nouvelle- Zélande			

1. ACIC
2. Moyennant des restrictions
3. ATO

Pouvoir d'exercer une surveillance secrète

61.   Ce pouvoir consiste à surveiller secrètement les déplacements, conversations et autres activités d'un suspect afin d'identifier ses complices ou des témoins, de localiser des éléments de preuve pour obtenir des mandats de perquisition, ou d'identifier les actifs utilisés pour commettre le délit fiscal ou qui en sont les produits. La surveillance secrète peut englober l'observation d'une personne dans des lieux privés, comme son domicile ou son véhicule, ou l'observation d'une personne en public. Elle peut s'avérer particulièrement utile pour enquêter sur les délits fiscaux impliquant le crime organisé. Ce pouvoir existe dans les pays ayant répondu à l'enquête comme suit :

Tableau 3.7. Pouvoir d'exercer une surveillance secrète

Pouvoirs directs pleins et entiers L'organisme responsable des enquêtes sur les délits fiscaux peut être autorisé à exercer lui-même ces pouvoirs		Pouvoirs indirects, par l'intermédiaire d'un autre organisme L'organisme responsable des enquêtes sur les délits fiscaux peut solliciter l'assistance d'un autre organisme afin d'exercer les pouvoirs en son nom	Inexistants
Australie[1]	Irlande	Argentine	Chili
Autriche	Italie	Australie[7]	Costa Rica
Azerbaïdjan	Japon	Canada[8]	Allemagne
Brésil	Mexique	Costa Rica[9]	Israël
Canada[2]	Pays-Bas	République tchèque[10]	Corée
Colombie	Nouvelle- Zélande	Islande[11]	Afrique du Sud
République tchèque[3]	Suède[5]	Honduras	Suisse
France	Suisse[6]	Norvège	
Géorgie	Royaume-Uni	Espagne	
Grèce[4]	États-Unis		
Hongrie			

1. AFP
2. La surveillance statique est la principale tactique de surveillance employée par les enquêteurs de l'ARC. Ces derniers ne sont pas formés à la surveillance mobile et ont interdiction d'exercer toute forme de surveillance impliquant un véhicule motorisé. La surveillance mobile peut être externalisée auprès de l'Agence des services frontaliers du Canada, de la Gendarmerie royale du Canada (GRC) ou d'autres autorités répressives formées à cet effet.
3. Police ; pouvoirs directs pleins et entiers pour la surveillance des personnes et des biens sans enregistrement.
4. DPF, YEDDE et CRF
5. L'EBM dispose de pouvoirs directs pleins et entiers pour exercer une surveillance secrète.
6. AFD
7. ATO
8. La surveillance statique est la principale tactique de surveillance employée par les enquêteurs de l'ARC. Si la surveillance mobile est interdite à l'Agence du revenu du Canada, celle-ci peut toutefois demander aux autorités fédérales répressives de l'exercer en son nom
9. OIJ
10. Police.
11. Si nécessaire pour une enquête, effectué par la police.

Pouvoir de mener des opérations d'infiltration

62.   Ce pouvoir désigne la capacité de mener une opération d'infiltration, au cours de laquelle un agent de police prend une nouvelle identité pour obtenir des informations et des éléments de preuve. Ce moyen d'enquête peut revêtir une importance particulière lors des enquêtes portant sur des délits graves en cours, notamment pour identifier les personnes ayant permis la commission d'un délit fiscal ou d'autres délits financiers impliquant le crime organisé. Le type d'informations pouvant être obtenues grâce à ce moyen d'enquête est similaire à celui recherché à travers la surveillance secrète, et qui consiste notamment à identifier les complices et à localiser les actifs.

63. La distinction entre l'exercice d'une surveillance secrète destinée à obtenir ces informations et celui d'une opération d'infiltration tient à l'intégration de l'agent infiltré dans l'organisation criminelle, ou du moins aux contacts directs qu'il entretient avec elle, afin de gagner sa confiance pour obtenir des informations. Ces contacts peuvent prendre la forme de relations physiques ou numériques, par exemple sur une plateforme en ligne. Ce pouvoir existe dans les pays ayant répondu à l'enquête comme suit :

Tableau 3.8. Pouvoir de mener des opérations d'infiltration

Pouvoirs directs pleins et entiers L'organisme responsable des enquêtes sur les délits fiscaux peut être autorisé à exercer lui-même ces pouvoirs		Pouvoirs indirects, par l'intermédiaire d'un autre organisme L'organisme responsable des enquêtes sur les délits fiscaux peut solliciter l'assistance d'un autre organisme afin d'exercer les pouvoirs en son nom	Inexistants
Australie[1]	Mexique	Argentine	Argentine[8]
Autriche	Pays-Bas	Australie[3]	Azerbaïdjan
Colombie	Nouvelle- Zélande	Brésil	Chili
Costa Rica	Suède	Canada[4]	Irlande
France	Royaume-Uni	République tchèque[5]	Italie
Allemagne	États-Unis	Géorgie[6]	Japon
Grèce[2]		Honduras	Corée
Hongrie		Islande[7]	Afrique du Sud
		Norvège	Suisse
		Espagne	

1. AFP
2. DPF et CRF
3. ATO
4. Les responsables d'enquêtes pénales peuvent prendre contact avec l'antenne locale de la GRC afin d'engager une opération d'infiltration au nom de l'ARC. Les enquêteurs de l'ARC peuvent mener eux-mêmes uniquement les types d'opérations d'infiltration les moins complexes et les moins gênantes, comme le fait de se rendre dans un restaurant, un bar ou un bureau, afin d'obtenir des informations ou des documents aisément accessibles à tous les clients comme des notes, factures ou brochures.
5. Police
6. Organisme opérationnel-technique (Responsabilité professionnelle au regard du respect du droit)
7. Effectué par la police
8. Il est rare que des opérations d'infiltration soient conduites dans des affaires de délinquance fiscale. La loi autorise l'utilisation de techniques spéciales d'enquête (comme des opérations d'infiltration) en cas d'infraction douanière ou de blanchiment de capitaux pouvant être liée au blanchiment des produits d'un délit fiscal.

64. Les opérations d'infiltration sont coûteuses et peuvent être dangereuses, et elles exigent expertise et formation des agents impliqués. De ce fait, elles risquent d'être utilisées moins souvent. À l'instar des autres pouvoirs d'enquête mentionnés dans le principe 3, les questions relatives aux droits et à la protection des suspects, et notamment au respect de leur vie privée, ainsi qu'à la provocation policière à l'infraction doivent être garanties par des procédures juridiques adéquates régissant l'utilisation de ces pouvoirs.

Pouvoir d'arrêter une personne

65. Le pouvoir d'arrêter une personne désigne le pouvoir d'appréhender une personne, de la retenir et de la placer en garde à vue, souvent dans le but de l'inculper officiellement d'une infraction. Le pouvoir d'arrêter une personne et de la placer en garde à vue (avec ou sans restrictions) peut être décisif pendant une enquête concernant un délit fiscal, pour l'empêcher d'influencer d'autres suspects ou témoins, ou lorsque le prévenu ou le suspect risque de s'enfuir, ou afin de retenir cette personne pour éviter qu'elle ne commette d'autres délits. Ce pouvoir existe dans les pays ayant répondu à l'enquête comme suit :

Tableau 3.9. Pouvoir d'arrêter une personne

Pouvoirs directs pleins et entiers L'organisme responsable des enquêtes sur les délits fiscaux peut être autorisé à exercer lui-même ces pouvoirs		Pouvoirs indirects, par l'intermédiaire d'un autre organisme L'organisme responsable des enquêtes sur les délits fiscaux peut solliciter l'assistance d'un autre organisme afin d'exercer les pouvoirs en son nom	Inexistants
Australie[1]	Suède[4]	Argentine	Australie[7]
Autriche	Mexique	Canada	Azerbaïdjan
Colombie	Pays-Bas	République tchèque[5]	Allemagne
Costa Rica[2]	Norvège	Islande	Chili
France	Royaume-Uni	Japon	Costa Rica
Géorgie	États-Unis	Espagne	Grèce[8]
Grèce[3]		Suisse[6]	Nouvelle- Zélande
Honduras			Corée
Irlande			Afrique du Sud
Italie			Suède[9]
			Suisse[10]

1. AFP
2. Ministère public
3. FPD
4. EBM
5. Police
6. Administration fiscale fédérale ou ministère public
7. ATO
8. CRF
9. STA-CRF
10. Administrations fiscales cantonales

66.   Dans certains pays, l'arrestation et le placement en garde à vue d'un prévenu ou d'un suspect permettent également de l'entendre sans interruption pendant un certain temps ledit prévenu ou suspect, à condition qu'il bénéficie de certaines protections prévues par la loi.

67.   Comme dans le cas de l'utilisation des pouvoirs d'enquête par une autorité répressive, ces pouvoirs doivent s'accompagner de garanties, de contrôles et d'autorisations afin que les suspects et les prévenus soient dûment protégés contre toute utilisation abusive potentielle (voir le Principe 10 pour plus de détails).

Références

OCDE (2017), *Effective Inter-Agency Co-Operation in Fighting Tax Crimes and Other Financial Crimes (Une coopération interinstitutionnelle efficace pour lutter contre les délits à caractère fiscal et autres délits financiers) - troisième édition*, Éditions OCDE, Paris, https://www.oecd.org/fr/fiscalite/delits/une-cooperation-interinstitutionnelle-efficace-pour-lutter-contre-les-delits-a-caractere-fiscal-et-autres-delits-financiers.htm.   [1]

Principe 4 : Gel, saisie et confiscation des avoirs

Les autorités chargées d'enquêter sur les délits fiscaux devraient avoir la possibilité de procéder au gel ou à la saisie des avoirs au cours de l'enquête et de procéder à la confiscation des biens.

Introduction

68. Le gel ou la saisie d'avoirs désigne « l'interdiction temporaire du transfert, de la conversion, de la disposition ou du mouvement de biens, ou le fait d'assumer temporairement la garde ou le contrôle de biens sur décision d'un tribunal ou d'une autre autorité compétente » (ONUDC, 2004[6]). Le gel a pour effet de suspendre temporairement les droits sur l'avoir, et peut ainsi s'appliquer à des comptes bancaires qui sont fongibles. La saisie est un acte visant à conserver temporairement un avoir ou à le placer sous la garde des autorités, et peut s'appliquer, par exemple, à des actifs physiques comme un véhicule. D'une manière générale, ces mesures sont utilisées pour empêcher temporairement les mouvements d'avoirs en attendant l'issue d'une affaire.

69. La confiscation d'avoirs peut en revanche être définie comme la « dépossession permanente de biens sur décision d'un tribunal ou d'une autre autorité compétente ». (ONUDC, 2004[6]). La confiscation est habituellement utilisée après l'issue définitive d'une affaire, car il s'agit d'une mesure définitive empêchant les malfaiteurs d'avoir accès aux actifs obtenus grâce à une infraction. Les pouvoirs de gel, de saisie et de confiscation doivent être exercés dans le respect du droit interne, et notamment des prescriptions relatives à la proportionnalité.

70. Pour que les enquêtes pénales puissent être menées avec succès et que les actifs à l'origine d'un délit fiscal ou en constituant le produit puissent être mis en lieu sûr pendant toute la durée des enquêtes, il est important que les autorités chargées des enquêtes puissent geler ou saisir ces actifs pendant la

durée de l'enquête et de la procédure pénale. Comme on l'a vu, lors des enquêtes sur les infractions fiscales, la capacité de pouvoir interrompre les mouvements d'actifs financiers peut s'avérer déterminante pour mettre en évidence une infraction ou empêcher sa commission. De plus, les autorités devraient avoir le pouvoir de confisquer les actifs qui sont à l'origine d'un délit fiscal ou en constituent le produit. Cet aspect revêt une importance particulière dans la lutte contre les délits fiscaux car les actifs financiers peuvent aisément être transférés d'un pays à un autre, ce qui peut entraîner des pertes financières pour les États.

71.   Le gel, la saisie et la confiscation des avoirs s'imposent pour empêcher un suspect de se défaire des produits d'une infraction ou d'en jouir, ou pour préserver les preuves matérielles du délit. Dans certains pays, la confiscation peut constituer une sanction en soi ou un moyen de s'assurer du paiement des amendes. Le gel, la saisie et la confiscation perturbent les activités délictuelles en bloquant l'accès à des avoirs dont aurait bénéficié la personne ou l'organisation auteur du délit et ils peuvent aussi empêcher que des avoirs criminels ne soient utilisés pour commettre de nouveaux délits. Le gel, la saisie et la confiscation des avoirs criminels représentent également des mesures dissuasives car ils peuvent entamer les profits résultant de la commission des délits fiscaux.

72.   L'existence de pouvoirs permettant de geler, de saisir et de confisquer des avoirs dans les pays ayant répondu à l'enquête est décrite dans les chapitres par pays et ci-après. Tout au long de la présente section du guide, on notera que les circonstances précises et les procédures juridiques à suivre pour prendre des mesures de gel, de saisie ou de confiscation varient. Le fait, pour un pays, d'être effectivement pourvu d'un mécanisme particulier ne signifie pas que ce mécanisme peut être utilisé dans toutes les enquêtes concernant une infraction fiscale, mais qu'il peut au moins l'être dans certaines affaires d'infraction fiscale, sous réserve de l'obtention des autorisations légales et procédurales requises.

73.   Les pays devraient faire en sorte qu'il soit possible de geler, de saisir et de confisquer des avoirs dans le cadre des enquêtes et des décisions fiscales nationales et étrangères. Le pouvoir juridique correspondant devrait être inscrit dans le droit interne ou, pour les affaires internationales, pouvoir être exercé en réponse à une demande d'entraide judiciaire conformément à des accords internationaux, comme les conventions d'entraide judiciaire (CEJ) (voir le principe 9 pour plus de détails). Les répondants à l'enquête ont la capacité juridique d'exercer des pouvoirs de saisie et de confiscation dans le cadre d'enquêtes fiscales étrangères et de décisions rendues par des tribunaux étrangers (à la suite d'une demande d'entraide judiciaire, par exemple) comme suit :

Tableau 4.1. Réponses apportées à l'enquête : Existence de pouvoirs de saisie et de confiscation au regard de questions fiscales étrangères

Existants			Inexistants
Argentine	France	Pays-Bas[1]	Honduras
Australie	Géorgie	Nouvelle- Zélande	
Autriche	Allemagne	Norvège	
Azerbaïdjan	Grèce	Afrique du Sud	
Brésil	Hongrie	Espagne	
Canada	Israël	Suède	
Colombie	Italie	Suisse	
Chili	Japon	Royaume-Uni	
Costa Rica	Corée	États-Unis	
République tchèque	Mexique		

1. Aux Pays-Bas, les tribunaux peuvent exécuter des ordonnances judiciaires de confiscation rendues dans d'autres États au bénéfice de l'État étranger désigné, sous réserve de réciprocité, et ils l'ont fait dans la pratique. Ils ne peuvent toutefois pas exécuter une ordonnance judiciaire de gel ou de saisie rendue dans un autre État dans le cas d'infractions fiscales pénales.

74.   Les mécanismes existants de gel, de saisie et de confiscation d'avoirs varient d'un pays à l'autre, mais il pourrait s'avérer utile d'examiner les types de mécanismes ci-dessous. L'existence de l'ensemble

de ces mécanismes dans un pays donné ou au sein d'une autorité donnée dépend de la structure organisationnelle mise en place pour enquêter sur les infractions fiscales et prendre des mesures répressives, ainsi que du système juridique, qui peut ne pas autoriser certaines mesures prévoyant la dépossession d'actifs.

Gel temporaire des avoirs

75.   La rapidité peut jouer un rôle essentiel lorsqu'il s'agit de geler et de saisir des avoirs, car les malfaiteurs peuvent transférer des fonds rapidement pour les mettre hors de portée des autorités ou se défaire des biens en apprenant que les organismes chargés des enquêtes pénales s'y intéressent. Le pouvoir juridique et la capacité opérationnelle de geler rapidement des avoirs en cas d'urgence sont utiles, par exemple, lorsque la disparition du bien est imminente. D'une manière générale, les autorités devraient pouvoir exécuter des ordonnances de gel temporaire dans les 24 ou 48 heures. Ce pouvoir existe pour les délits fiscaux dans les pays ayant répondu à l'enquête comme suit :

Tableau 4.2. Réponses apportées à l'enquête : Existence de pouvoirs concernant les ordonnances de gel temporaire

Existants		Inexistants	Pouvoirs indirects, par l'intermédiaire d'un autre organisme
Argentine	Grèce[2]	Azerbaïdjan	Brésil
Australie	Japon	Canada	Italie
Autriche	Hongrie	Chili	Corée
Colombie[1]	Mexique	Grèce	Chili
Costa Rica	Afrique du Sud	Honduras	
République tchèque	Espagne	Israël	
Finlande	Suède	Pays-Bas	
France	Suisse	Nouvelle- Zélande	
Géorgie	Royaume-Uni	Norvège	
Allemagne	États-Unis		

1. Limité à la protection des dommages-intérêts éventuels (article 92 du Code de procédure pénale).
2. CRF

Confiscation élargie

76.   Une telle action implique non seulement de confisquer les biens associés à un délit spécifique, mais aussi d'autres biens qui, selon le tribunal, constituent les produits d'autres délits. Il peut être utile, pour lutter efficacement contre les activités en bande organisée, non seulement de confisquer les biens associés à un délit particulier, mais aussi les autres biens que le tribunal considère comme les produits d'autres délits. Ce pouvoir existe pour les délits fiscaux dans les pays ayant répondu à l'enquête comme suit :

Tableau 4.3. Réponses apportées à l'enquête : Existence de pouvoirs concernant la confiscation élargie

Existants		Inexistants	Pouvoirs indirects, par l'intermédiaire d'un autre organisme
Argentine	Italie	Azerbaïdjan	Colombie
Australie	Mexique	Chili	Nouvelle- Zélande
Autriche	Afrique du Sud	Costa Rica	Japon[2]
Brésil[1]	Espagne	Irlande	Corée
Canada	Suède	Géorgie	
République tchèque	Suisse	Grèce	
France	Pays-Bas		
Allemagne	Norvège		
Honduras	Royaume-Uni		
Hongrie	États-Unis		
Israël			

1. Uniquement pour les délits sanctionnés par une peine maximale supérieure à six ans d'emprisonnement. Ne s'applique donc pas aux délits fiscaux.
2. Le Japon indique que les autorités n'ont pas le pouvoir de confisquer des actifs en cas de condamnation pour des infractions à caractère fiscal, mais qu'elles peuvent le faire en cas de condamnation pour blanchiment de capitaux lorsque le délit fiscal est l'infraction principale.

Confiscations en valeur

77.   Cette méthode de confiscation permet à un tribunal de confisquer une somme équivalente au montant des produits de l'infraction pénale. Elle s'applique lorsque le tribunal a déterminé le montant de l'avantage direct ou indirect que retire une personne d'un comportement délictueux, et l'ordonnance peut être exécutée sur tout actif appartenant à cette personne. Ce pouvoir existe pour les délits à fiscaux dans les pays ayant répondu à l'enquête comme suit :

Tableau 4.4. Réponses apportées à l'enquête : Existence de pouvoirs concernant les confiscations en valeur

Existants			Inexistants	Pouvoirs indirects, par l'intermédiaire d'un autre organisme
Australie	Hongrie	Suède	Argentine	Italie
Autriche	Israël	Suisse	Chili	Corée
Azerbaïdjan	Japon	Pays-Bas	Colombie	
Brésil	Mexique	Royaume-Uni	Grèce	
Canada	Norvège	États-Unis	Honduras	
République tchèque	Allemagne		Nouvelle- Zélande	
France	Afrique du Sud		Suisse	
Géorgie	Espagne			

Confiscation des avoirs d'un tiers

78.   Cette mesure vise à priver une autre personne que l'auteur de l'infraction – c'est-à-dire un tiers – d'un bien provenant de cette infraction. Elle s'applique lorsqu'un tiers est en possession d'actifs qui lui ont été sciemment transférés par l'auteur de l'infraction pour empêcher leur confiscation. La confiscation des avoirs d'un tiers peut réduire le risque de voir l'action d'une autorité être réduite à néant dès lors qu'un suspect transfère un bien provenant d'une infraction à un tiers afin d'éviter sa confiscation. Ce pouvoir existe pour les délits fiscaux dans les pays ayant répondu à l'enquête comme suit :

Tableau 4.5. Réponses apportées à l'enquête : Existence de pouvoirs concernant la confiscation des avoirs d'un tiers

Existants		Inexistants		Pouvoirs indirects, par l'intermédiaire d'un autre organisme
Argentine	Hongrie	Azerbaïdjan	Suède	Brésil
Australie	Israël	Canada	Royaume-Uni	Italie
Autriche	Japon	Chili		Nouvelle- Zélande
Costa Rica	Mexique	Colombie		Corée
République tchèque	Pays-Bas	Grèce		
France	Espagne	Norvège		
Allemagne	Suisse			
Géorgie	États-Unis			

Confiscations sans condamnation préalable

79.   Il s'agit de pouvoir saisir des avoirs sans jugement et ou condamnation pénale et la confiscation sans condamnation préalable est une mesure répressive prise à l'encontre de l'avoir, et non de la personne. Elle est distincte de toute procédure pénale et impose de démontrer que le bien constitue le produit ou l'instrument d'une infraction. Dans certains pays, le comportement délictueux doit être établi en appliquant le critère de la probabilité la plus forte, qui réduit la charge de la preuve pour l'autorité et signifie que les avoirs peuvent être obtenus même lorsque les éléments de preuve ne sont pas suffisants pour obtenir une condamnation pénale. Ce pouvoir existe pour les délits fiscaux dans les pays ayant répondu à l'enquête comme suit :

Tableau 4.6. Réponses apportées à l'enquête : Existence de pouvoirs concernant les confiscations sans condamnation préalable

Existants		Inexistants		Pouvoirs indirects, par l'intermédiaire d'un autre organisme
Australie	Mexique	Argentine	Afrique du Sud	Italie
Autriche	Norvège	Azerbaïdjan	Espagne	Nouvelle- Zélande
République tchèque	Espagne[2]	Brésil	Suède	Corée
Costa Rica[1]	Royaume-Uni	Canada	Pays-Bas	
Allemagne	États-Unis	Chili	Suisse	
Israël		Colombie		
		France[3]		
		Géorgie		
		Grèce		
		Honduras		
		Hongrie		

1. Le Costa Rica autorise les confiscations sans condamnation préalable uniquement si l'affaire est considérée comme une infraction commise en bande organisée.
2. La confiscation sans condamnation peut être appliquée à titre exceptionnel, avec l'autorisation des tribunaux, uniquement lorsque l'avoir confisqué est périssable, lorsqu'il a été abandonné par le propriétaire, lorsque sa conservation coûterait plus cher que l'avoir lui-même, lorsque sa conservation est dangereuse pour la santé ou la sécurité publiques et lorsqu'il va perdre de sa valeur avec le temps.
3. Le droit français ne prévoit pas de procédure de confiscation sans condamnation préalable (dite « confiscation civile »). Néanmoins, la non-restitution des biens saisis résultant directement ou indirectement de l'infraction peut être autorisée dans certaines circonstances.

80.   Pour recouvrir efficacement les avoirs criminels, les pays devraient envisager les points suivants :

- se doter du cadre de gouvernance requis pour que les autorités répressives spécialisées dans le droit pénal puissent intervenir en toute transparence, et fassent l'objet d'un contrôle adéquat pour ce qui touche à la gestion des actifs, afin de garantir leur intégrité ;
- posséder l'expertise nécessaire en matière d'enquête et dans les domaines juridique et opérationnel ;
- mettre en place une structure organisationnelle claire afin de gérer les affaires impliquant des actifs. Ces affaires pouvant nécessiter les compétences spécialisées d'experts des enquêtes et du droit susceptible de travailler dans différents organismes, il peut être judicieux de créer une unité interinstitutionnelle ad hoc composée de professionnels dûment formés, dotée de ressources appropriées et spécialisée dans le recouvrement des avoirs ;
- s'assurer que les droits des suspects sont protégés pendant une procédure de recouvrement d'avoirs ;
- se doter d'une procédure pour gérer les avoirs en toute sécurité ;
- recourir efficacement à la coopération internationale, les affaires de recouvrement d'avoirs pouvant être complexes et concerner des avoirs criminels situés dans d'autres pays.

Références

ONUDC (2004), *Convention des Nations Unies contre la criminalité transnationale organisée et Protocoles s'y rapportant*, Nations Unies, New York, https://www.unodc.org/documents/treaties/UNTOC/Publications/TOC%20Convention/TOCebook-f.pdf. [1]

Principe 5 : Structure organisationnelle assortie de responsabilités bien définies

Les pays devraient mettre en place un modèle d'organisation assorti de responsabilités bien définies afin de lutter contre la délinquance fiscale et les autres infractions financières.

Introduction

81.   Il existe tout un éventail de modèles d'organisation permettant de répartir les responsabilités au regard des enquêtes et des poursuites relatives aux délits fiscaux. Le modèle adopté dans un pays particulier tient vraisemblablement compte de son histoire, de sa structure répressive générale et de son système juridique.

82.   Il est important de disposer d'un modèle d'organisation clair, car ce dernier permet de répartir efficacement les responsabilités, et donc de réduire les risques de répétition des tâches et de lacunes dans l'application de la loi. Il est tout aussi important de mettre en place une structure organisationnelle claire, car celle-ci est garante d'une transparence et d'une responsabilité accrue au regard de l'utilisation des ressources et du déploiement des stratégies. La structure organisationnelle devrait faire en sorte que l'organisme responsable des enquêtes et des poursuites relatives aux délits fiscaux soit indépendant vis-à-vis des intérêts personnels ou politiques et tenu d'exercer ses fonctions avec équité et intégrité.

83.   Il importe aussi de comprendre la structure organisationnelle spécifiquement mise en place dans un pays car elle permet d'appréhender la capacité d'un pays à mettre en œuvre un certain nombre des autres Principes mondiaux. Ainsi, la structure organisationnelle influe sur la conception de la stratégie globale de respect des obligations, l'éventail des pouvoirs d'enquête qui devraient être accordés, la répartition des ressources dans des proportions adéquates et l'élaboration des stratégies de coopération interinstitutionnelle et internationale.

Tableau 5.1. Quatre modèles généraux d'organisation

Modèles généraux d'organisation des enquêtes sur les délits fiscaux			
Modèle 1	Modèle 2	Modèle 3	Modèle 4
L'administration fiscale est chargée de diriger et de conduire les enquêtes, souvent par l'intermédiaire d'une division spécialisée dans les enquêtes pénales. Le parquet n'intervient pas directement dans les enquêtes, mais un procureur peut conseiller les enquêteurs dans certains domaines, comme les procédures judiciaires ou le droit de la preuve.	L'administration fiscale est chargée de conduire les enquêtes, sous la direction du parquet ou, à titre exceptionnel, de juges d'instruction.	Un organisme fiscal spécialisé, placé sous la tutelle du ministère des Finances mais ne relevant pas de l'administration fiscale, est chargé de conduire les enquêtes, auxquelles des procureurs publics peuvent être associés.	La police ou le parquet est chargé de conduire les enquêtes.

84.   Certains pays peuvent néanmoins recourir à plusieurs modèles selon les circonstances de l'espèce, ou avoir mis en place un modèle tout à fait différent.

Encadré 5.1. Une unité chargée de la délinquance fiscale en Colombie

En Colombie, la Direction des impôts et des douanes nationales (DIAN) participe au projet pilote sur les enquêtes pénales engagé dans le cadre de l'Initiative OCDE-PNUD « Inspecteurs des impôts sans frontières ». Ce projet a pour but de renforcer la capacité des pays participants de lutter plus efficacement contre les délits fiscaux. Dans le cadre de ce programme, un exercice d'auto-évaluation reposant sur le Modèle de maturité pour les enquêtes sur les délits fiscaux a été mené à bien afin d'appréhender les déficits de capacités actuels. Le Plan d'action établi par l'OCDE dans le prolongement du processus d'auto-évaluation préconise la création d'une nouvelle unité chargée des enquêtes sur les délits fiscaux au sein de la DIAN dans le but de combler les déficits de gouvernance et les lacunes institutionnelles.

C'est dans ce contexte que la Colombie a publié le Décret N° 1742, en date du 22 décembre 2020, portant création d'une nouvelle unité chargée de la délinquance fiscale au sein de la DIAN. Cette nouvelle unité sera chargée de signaler les soupçons d'infractions, notamment de fraude fiscale, d'escroquerie et de trafic, à l'organisme en charge de l'application de la loi, de prendre part au travail d'équipes communes d'enquête et de participer à des échanges de renseignements à des fins d'enquête pénale aux niveaux national et international.

---

85.   Quel que soit le modèle d'organisation utilisé, l'organisme ou les organismes chargés des enquêtes et des poursuites relatives aux délits fiscaux doivent impérativement être dotés de responsabilités clairement définies. Cela contribuera à garantir une définition claire des responsabilités pour tous les aspects de la lutte contre la délinquance fiscale et à réduire le risque de chevauchement des responsabilités, qui est source d'inefficacité. Ces mesures devraient s'accompagner de mécanismes de gouvernance clairs (responsabilité et contrôle du processus décisionnel), de pouvoirs d'enquête adéquats (voir le Principe 3) et de ressources suffisantes (voir le Principe 6). De plus, la structure organisationnelle devrait coïncider parfaitement avec les modèles de coopération interinstitutionnelle (voir le Principe 8).

86.   On trouvera de plus amples informations à ce sujet, ainsi que sur les modèles d'organisation utilisés par les douanes, les autorités chargées de la lutte contre le blanchiment de capitaux ou la corruption et les autres autorités répressives dans OCDE (2017), *Effective Inter-agency Co-operation in Fighting Tax Crimes and Other Financial Crimes, Third Edition* (OCDE, 2017[5]).

Références

OCDE (2017), *Effective Inter-Agency Co-Operation in Fighting Tax Crimes and Other Financial Crimes (Une coopération interinstitutionnelle efficace pour lutter contre les délits à caractère fiscal et autres délits financiers) - troisième édition*, Éditions OCDE, Paris, https://www.oecd.org/fr/fiscalite/delits/une-cooperation-interinstitutionnelle-efficace-pour-lutter-contre-les-delits-a-caractere-fiscal-et-autres-delits-financiers.htm. [1]

Principe 6 : Consacrer des ressources suffisantes aux enquêtes sur les délits fiscaux

---

Les organismes chargés d'enquêter sur les délits fiscaux devraient disposer de ressources suffisantes.

Introduction

87.   Quel que soit le modèle d'organisation adopté, des ressources suffisantes devraient être consacrées aux enquêtes et aux mesures répressives relatives à la délinquance fiscale. Le type et le niveau de ressources varient en fonction des contraintes budgétaires générales et des autres priorités budgétaires du pays. En particulier, le type de ressources nécessaires peut varier selon la nature, l'échelle et le stade de développement de l'économie. Il peut ainsi être plus urgent de mettre en place des infrastructures juridiques et physiques que d'acquérir des outils d'analyse et technologiques sophistiqués.

88.   De plus, l'allocation des ressources à différentes fonctions au sein de l'organisme responsable de la conduite des enquêtes sur les délits fiscaux varie selon d'autres facteurs, comme les priorités stratégiques et la structure organisationnelle.

89.   Compte tenu de ces circonstances, les ressources importantes pour les organismes qui luttent contre la délinquance fiscale sont détaillées ci-après.

Ressources financières

90.   Il s'agit ici de disposer du budget et des fonds nécessaires pour financer les besoins de l'organisme. Le budget moyen des pays ayant participé à l'enquête pour lesquels des données sont disponibles est le suivant :

Tableau 6.1. Réponses apportées à l'enquête : Budget annuel moyen, en 2015 et 2018, alloué aux enquêtes sur les délits fiscaux en équivalent EUR (hors budget consacré aux poursuites)

Autriche	11 400 000	Japon	7 035 435
Canada	47 100 000	Pays-Bas[1]	128 000 000
Estonie	3 000 000	Afrique du Sud	10 000 000
Géorgie	4 472 517	États-Unis[2]	493 557 000

1. Les chiffres comprennent l'ensemble du Service de l'information et des enquêtes fiscales (FIOD).
2. La majorité de ce budget est consacré aux enquêtes sur les délits fiscaux.

91.   La plupart des répondants à l'enquête ont indiqué que l'allocation de leur budget ne dépendait pas de critères de performance précis, même lorsque des objectifs de performance ont été fixés. L'enquête montre que les objectifs de performance prédéfinis sont rares. Une minorité de pays ayant répondu à l'enquête ont indiqué que des objectifs de performance ont été identifiés, sous la forme d'un nombre minimum d'enquêtes résolues, d'un nombre ou d'un pourcentage d'enquêtes conduisant à des poursuites, d'excédent, de délai à respecter pour achever une enquête, et d'objectif de recouvrement des recettes.

92.   Certains pays ont pu établir une estimation du retour sur investissement de la fonction chargée des enquêtes sur les délits fiscaux.

Encadré 6.1. Retour sur investissement estimé pour le budget consacré aux enquêtes sur les infractions fiscales

- En Géorgie, pour chaque lari géorgien investi dans les enquêtes sur les infractions fiscales, le service des enquêtes a recouvré 1.88 GEL en 2018 **(rendement de 88 %)**

- Au Mexique, chaque dollar consacré aux enquêtes sur les délits fiscaux en 2019 a rapporté 16 USD **(rendement de 1 600 %)**

- En Espagne, entre 2015 et 2019, pour chaque euro investi dans les enquêtes fiscales, l'administration fiscale a recouvré 11.51 EUR **(rendement de 1 151 %)**.

- La Suisse estime qu'au niveau fédéral, le rendement d'un investissement dans les enquêtes en matière de délinquance fiscale est 20 fois supérieur au coût total de son personnel (rendement de **2 000 %**).

Ressources humaines

93.   Le personnel doit disposer des connaissances, de l'expertise et des compétences voulues et être dûment formé. En règle générale, les ressources humaines influent sensiblement sur l'efficacité de l'utilisation des ressources financières. Un nombre suffisant de personnes doit ainsi être affecté aux enquêtes sur les délits fiscaux. Le nombre des agents responsables des enquêtes sur les délits fiscaux dans les pays ayant participé à l'enquête pour lesquels les données sont disponibles est le suivant :

Tableau 6.2. Nombre moyen d'agents équivalent temps plein responsables des enquêtes sur les délits fiscaux en 2018

Pays	Nombre d'agents temps plein	Pays	Nombre d'agents temps plein
Argentine	83	Grèce	1 782
Autriche	145	Honduras	45
Azerbaïdjan	40	Hongrie	1 179
Canada	564	Irlande	2 000
Chili	56	Israël	500
Colombie	132	Japon	1 494
Costa Rica	246	Mexique	60
République tchèque	300	Espagne	4 800
France	105	Suède	200
Géorgie	394	Suisse	22
Allemagne	2 454	États-Unis	2 200

Note : Les chiffres concernent : pour l'Argentine, le nombre de procureurs chargés des délits fiscaux ; pour l'Autriche, le Service d'enquête sur les délits fiscaux ; pour l'Azerbaïdjan, le DPTIC ; pour le Canada, la Division des enquêtes criminelles de l'ARC ; pour le Chili, les Départements des délits fiscaux et de la défense judiciaire pénale du SII en 2020 ; pour le Costa Rica, le nombre d'agents chargés des contrôles fiscaux ; pour la République tchèque, les moyennes de la Direction des délits économiques graves et de la lutte contre la corruption du NOCA, de la Division de gestion des risques et du FCD en 2015 ; pour la France, le Parquet national financier, la BNRDF et le SEJF ; pour l'Allemagne, le nombre d'inspecteurs des impôts ; pour la Hongrie, le Service des enquêtes pénales de la NTCA en 2020 ; pour le Honduras, la Division des enquêtes pénales du SAR ; pour la Hongrie, le Service des enquêtes pénales de la NTCA en 2020 ; pour Israël, une moyenne du nombre d'agents chargés des enquêtes pénales à l'ITA ; pour le Japon, le nombre d'agents affectés aux enquêtes sur des délits fiscaux à la NTA ; pour le Mexique, le nombre de juristes au sein de la PFP ; pour l'Espagne, l'AEAT ; pour la Suède, la moyenne sur la période 2015-19 pour le Service d'enquête sur l'évasion fiscale de l'Agence fiscale suédoise ; pour la Suisse, une moyenne pour la Division Affaires pénales et enquêtes (DAPE) de l'Administration fédérale des contributions ; pour les États-Unis, le nombre d'enquêteurs et de superviseurs au sein de l'IRS-CI.

94.   Disposer des ressources humaines nécessaires implique également de veiller à ce que le personnel possède les compétences et les connaissances requises pour conduire des enquêtes financières complexes. Cet impératif comporte deux aspects : se doter d'un personnel pourvu de l'expertise voulue dans tous les domaines concernés, et lui assurer une formation continue portant sur les risques émergents, les outils d'enquête et les compétences.

95.   La nécessité de faire en sorte que l'organisme dispose de l'expertise nécessaire dans tous les domaines concernés tient au fait que les enquêtes sur les délits à caractère financier exigent des connaissances et un savoir-faire spécialisés; et qu'une enquête peut mobiliser des compétences spécifiques. Tous les enquêteurs financiers devraient posséder des connaissances et des compétences financières élémentaires, comme les techniques d'enquête pratiques, la gestion des affaires et la collecte de renseignements. Il faudra également faire appel à des enquêteurs financiers plus spécialisés, comme des comptables, des spécialistes du recouvrement d'avoirs, des cyber-experts et des experts judiciaires.

Formation

96.   La formation devrait être continue et dispensée à l'ensemble du personnel, quelle que soit son expérience, et porter sur des domaines comme le droit, les risques émergents, les techniques d'enquête, les techniques d'audition, l'utilisation et l'optimisation des solutions technologiques, les compétences managériales et le travail dans le cadre d'enquêtes interinstitutionnelles et internationales. Lorsque cela est possible, la formation devrait comporter des sessions pratiques portant sur des affaires réelles, ainsi que des sessions communes avec des enquêteurs, des procureurs, des agents d'autorités fiscales et d'autres parties prenantes afin de les sensibiliser plus encore aux possibilités de coopération interinstitutionnelle. Il peut aussi être utile d'organiser des formations internationales pour mettre en

commun des approches différentes et créer un réseau de professionnels à même de renforcer la coopération internationale.

Ressources d'infrastructures

97.	Des outils physiques doivent être disponibles pour conduire des enquêtes sur des délits fiscaux, comme les outils scientifiques, le matériel administratif servant notamment pour les mesures répressives, la capacité de manipuler les preuves en toute sécurité, et des plateformes de communication performantes.

Ressources organisationnelles

98.	Il faut disposer de solides ressources organisationnelles et stratégiques pour travailler et utiliser les ressources de manière efficace, ainsi que d'un réseau de relations interinstitutionnelles.

Ressources de données et technologiques

99.	Il est important que les enquêteurs aient accès aux données et aux renseignements utiles, ainsi qu'au matériel et aux logiciels nécessaires pour les analyser. En ce qui concerne les données et les renseignements requis, cela concerne l'accès aux informations sur les impôts et autres recettes, sur les comptes bancaires, le patrimoine immobilier, ainsi que les activités commerciales et les entreprises. S'agissant des ressources technologiques, cela comprend les ordinateurs, les systèmes informatiques, les téléphones portables et les systèmes de stockage de données, ainsi que les outils d'analyse permettant de dégager des liens, des schémas et des risques à partir de sources de données différentes (données structurées et non structurées). Les autorités répressives doivent de plus en plus disposer des compétences et des outils nécessaires pour conduire des enquêtes en réponse à la transformation numérique et à la mondialisation croissantes de l'activité criminelle, et il est probable que l'information et l'analytique de données gagnent encore en importance et que l'on ait besoin d'accéder à un éventail plus large d'informations numériques et d'outils d'analyse. L'enquête montre que les pays participants ont accès à un certain nombre de bases de données. On notera que ces bases de données n'existent pas toutes dans l'ensemble des pays. Le tableau ci-dessous décrit les approches actuellement adoptées par différents pays, lesquelles dépendent de la structure organisationnelle ainsi que de l'existence et du caractère sensible de certaines données, et ne formule aucune conclusion quant à l'efficacité de ces formes d'accès.

Tableau 6.3. Réponses apportées à l'enquête : Accès aux bases de données et registres publics

	Accès sur demande		Accès direct		Accès impossible
Registre des sociétés	Argentine Australie Canada Colombie Costa Rica République tchèque[1] Allemagne	Honduras Japon Mexique Nouvelle-Zélande Afrique du Sud Royaume-Uni États-Unis	Autriche Brésil République tchèque[2] Danemark France Géorgie Grèce Hongrie Islande Irlande	Israël Italie Corée Pays-Bas Nouvelle-Zélande Norvège Espagne Suède Suisse États-Unis	Chili
Cadastre	Australie Canada Costa Rica Danemark France Allemagne Grèce Japon	Corée Mexique Nouvelle-Zélande Afrique du Sud Suisse Royaume-Uni États-Unis	Autriche Brésil Colombie République tchèque Géorgie Honduras Hongrie Islande Irlande	Italie Israël Pays-Bas Nouvelle-Zélande Norvège Espagne Suède États-Unis	Chili
Registre des citoyens[3]	Australie Costa Rica Allemagne Grèce Irlande Japon Corée	Mexique Nouvelle-Zélande Afrique du Sud Espagne Suisse Royaume-Uni États-Unis	Argentine Autriche Brésil Chili Colombie République tchèque Danemark France Géorgie	Honduras Hongrie Islande Israël Italie Pays-Bas Norvège Suède États-Unis	Canada
Bases de données fiscales	Brésil Colombie Costa Rica Danemark France	Hongrie Mexique Norvège Suède	Argentine Australie Autriche Canada Chili République tchèque[4] France[5] Géorgie Allemagne Grèce Honduras Islande Irlande	Israël Italie Japon Corée Pays-Bas Nouvelle-Zélande Norvège Afrique du Sud Espagne Suède Suisse Royaume-Uni États-Unis	
Bases de données douanières	Australie Brésil Canada Colombie Danemark France Allemagne Grèce[6] Hongrie	Japon Corée Mexique Nouvelle-Zélande Norvège Suède Suisse[7] États-Unis	Argentine Autriche République tchèque[8] Géorgie Grèce[9] Honduras Islande Irlande Israël	Italie Pays-Bas Afrique du Sud Espagne Suisse[10] Royaume-Uni	Chili Costa Rica

	Accès sur demande		Accès direct		Accès impossible
Bases de données policières	Argentine Australie France Allemagne Grèce[11] Honduras Irlande Israël Japon	Corée Mexique Nouvelle-Zélande Afrique du Sud Suisse[12] Royaume-Uni États-Unis	Argentine Autriche Azerbaïdjan Brésil Canada Colombie Costa Rica République tchèque Danemark	France[13] Géorgie Grèce[14] Hongrie Italie Pays-Bas Norvège Suède[15]	Chili Islande Norvège Espagne Suisse
Bases de données judiciaires	Australie Autriche Canada République tchèque Géorgie Allemagne Grèce Honduras Hongrie	Irlande Corée Mexique Pays-Bas Nouvelle-Zélande Afrique du Sud Royaume-Uni États-Unis	Argentine Brésil Colombie Costa Rica France Islande Italie Japon Nouvelle-Zélande	Norvège Suisse États-Unis Israël	Chili Norvège Espagne Suède Suisse
Bases de données des déclarations d'opérations suspectes	Autriche Brésil[16] République tchèque Allemagne Grèce[17] Géorgie Honduras Hongrie Israël	Italie Japon Corée Mexique Pays-Bas Nouvelle-Zélande Espagne Suède	Australie Danemark Grèce[18] Irlande Japon Afrique du Sud	Royaume-Uni États-Unis	Argentine Canada Chili Colombie Costa Rica France Islande Norvège Suisse
Bases de données des comptes bancaires nationaux	Argentine Australie Brésil Colombie République tchèque France Géorgie Allemagne Grèce Honduras Hongrie Islande	Irlande Israël Japon Corée Mexique Norvège Afrique du Sud Espagne Suisse Royaume-Uni États-Unis	Autriche Azerbaïdjan Costa Rica France[19] Italie Pays-Bas		Argentine Canada Chili Suède
Registre des immatriculations	Australie Canada Allemagne Honduras Japon Corée	Mexique Nouvelle-Zélande Afrique du Sud Suisse[20] Royaume-Uni	Argentine Autriche Brésil Chili Colombie Costa Rica République tchèque Danemark France Géorgie Grèce Hongrie	Islande Irlande Italie Israël Pays-Bas Nouvelle-Zélande Norvège Espagne Suède Suisse[21] États-Unis	

	Accès sur demande		Accès direct		Accès impossible
Registre des bateaux	Argentine	Honduras	Colombie	Espagne	Chili
	Australie	Islande	Costa Rica	Suisse[23]	
	Autriche	Irlande	Hongrie		
	Brésil	Japon	Israël		
	Canada	Corée	Italie		
	République tchèque	Mexique	Pays-Bas		
	Danemark	Nouvelle-Zélande	Norvège		
	France	Afrique du Sud			
	Géorgie	Suisse[22]			
	Allemagne	Royaume-Uni			
	Grèce	États-Unis			

1. Copies papier certifiées conformes des documents provenant du Registre commercial.

2. Certificat électronique de constitution en société, sans vérification officielle à des fins opérationnelles.

3. Certains pays sont dépourvus d'un tel registre.

4. Pour les agents désignés chargés des enquêtes sur les délits fiscaux. Les agents non désignés doivent gérer leurs demandes via le SPPO.

5. L'autorité chargée des enquêtes a un accès direct à quatre bases de données seulement ; l'accès aux autres bases de données nécessite une demande préalable.

6. DPF, CRF

7. AFC, Administrations fiscales cantonales

8. Pour les agents désignés chargés des enquêtes sur les délits fiscaux. Les agents non désignés doivent gérer leurs demandes via le SPPO.

9. YEDDE

10. AFC

11. YEDDE

12. AFD

13. Accès direct à la base de données des casiers judiciaires.

14. DPF, CRF

15. EBM

16. Sur demande ou spontanément communiquées par la CRF.

17. YEDDE, DPF

18. CRF

19. La liste des comptes détenus par une personne est directement accessible, mais pas son solde ou le détail de ses transactions, qui nécessitent une demande préalable.

20. AFC, Administrations fiscales cantonales

21. AFD

22. AFC, Administrations fiscales cantonales

23. AFD

Principe 7 : Caractériser les délits fiscaux en infractions principales du blanchiment de capitaux

Les pays devraient caractériser les délits fiscaux en infractions principales du blanchiment de capitaux.

Introduction

100.   Les Recommandations du GAFI prévoient que « ...les pays devraient appliquer l'infraction de blanchiment de capitaux à toutes les infractions graves afin de couvrir la gamme la plus large d'infractions sous-jacentes » (recommandation 3) (GAFI, 2012-2020[7]).

101.   Une infraction principale (ou sous-jacente) est une infraction constitutive d'un délit plus grave. S'agissant du blanchiment de capitaux, les infractions principales peuvent générer des fonds ou des avoirs qui peuvent ensuite être blanchis pour en masquer l'origine illicite. Ainsi, l'infraction principale du trafic de stupéfiants peut générer des revenus et, au cours de l'une des étapes fondamentales que sont le placement, la dispersion et l'intégration, dissimuler l'origine illicite des fonds, ce qui permet ainsi au trafiquant d'utiliser ces fonds sans susciter de soupçons d'infraction[1].

102.   Caractériser certains délits en infractions principales permet de poursuivre une personne pour l'infraction principale en tant que telle, mais aussi pour l'infraction de blanchiment de capitaux.

103.   Dans la toute dernière version des Recommandations du GAFI, les « infractions fiscales pénales (liées aux impôts directs et indirects) » constituaient une catégorie distincte dans la liste existante des catégories d'infractions devant être caractérisées en infractions principales du blanchiment de capitaux (GAFI, 2012-2020[7])[2].

104.   Il est important d'inscrire les délits fiscaux sur la liste des infractions principales du blanchiment de capitaux, car cela signifie que :

- L'auteur d'un délit de blanchiment de capitaux peut aussi être poursuivi pour l'infraction principale. Cette approche donne aux autorités davantage de possibilités d'obtenir une condamnation et/ou d'imposer des sanctions plus sévères. Dans la pratique, la conduite d'une enquête ou l'ouverture de poursuites à raison de l'une ou des deux infractions dépend de l'affaire et de facteurs comme la nature des éléments de preuve ou les éléments de l'infraction qui doivent être établis.

- Les établissements financiers et autres professionnels désignés et entités soumises à une obligation déclarative sont tenus de remplir des déclarations d'opérations suspectes (DOS) lorsqu'ils soupçonnent que les fonds d'un client constituent les produits d'une activité délictueuse, y compris du blanchiment de capitaux ou d'une infraction principale. Dans ces conditions, les DOS peuvent porter sur les soupçons relatifs aux fonds provenant d'un délit à caractère fiscal. Il s'agit là, pour les autorités publiques, d'une source de renseignements supplémentaires émanant du secteur privé. Pour renforcer l'efficacité de ce dispositif, les entités assujetties à une obligation de déclaration des opérations suspectes doivent être conscientes des risques que certains fonds proviennent de délits fiscaux, ainsi que des éléments en attestant. Ces déclarations sont déposées auprès de la Cellule de renseignements financiers (CRF).

- les DOS sont analysées par la CRF et s'il y a lieu, les renseignements sont communiqués aux autorités nationales compétentes en matière d'enquêtes et/ou de poursuites pour l'infraction principale concernée. Dans ces conditions, les DOS peuvent être transmises par la CRF à l'autorité chargée des enquêtes et/ou des poursuites relatives aux délits fiscaux (OCDE, 2015[8]) (voir également le principe 8)[3].

- Les mécanismes de coopération internationale conformes aux Recommandations du GAFI s'appliquent entre les autorités chargées des enquêtes et/ou des poursuites pour les délits de blanchiment de capitaux et les infractions principales. Lorsque les délits fiscaux sont caractérisés en infractions principales, ces modes de coopération internationale sont étendus aux autorités chargées des enquêtes et/ou des poursuites relatives aux délits fiscaux. Ces mécanismes comprennent échanges directs de renseignements et entraide judiciaire, entre les autorités chargées des enquêtes et des poursuites fiscales et entre les autorités chargées des enquêtes et des poursuites non fiscales (voir également le Principe 9).

105.   Dans la pratique, pratiquement tous les pays ayant participé à l'enquête ont constaté que la caractérisation des délits fiscaux en infractions principales avait eu un impact concret et positif sur leur travail. Selon les données recueillies grâce à l'enquête, l'effet de cette caractérisation le plus souvent évoqué est une amélioration de la coopération interinstitutionnelle, notamment à travers une capacité accrue de travailler avec d'autres organismes sur des affaires données et plus généralement sur des questions de stratégie et de politique menées, une sensibilisation des autres autorités répressives, des services de renseignement et des intervenants du secteur privé à la possibilité que des délits fiscaux se produisent, et des perspectives renforcées de communication avec d'autres organismes. De nombreux pays ont également déclaré avoir plus facilement accès à l'information (venant de la CRF et grâce à l'augmentation des DOS, notamment). Certains ont également indiqué que les poursuites pouvaient être engagées plus facilement et que le nombre de procédures était en hausse.

106.   Bien que les « délits fiscaux » ne soient pas définis, la note interprétative de la Recommandation du GAFI précise que les « pays devraient appliquer l'infraction de blanchiment de capitaux à toutes les infractions graves, afin de couvrir la gamme la plus large d'infractions sous-jacentes ». Chaque pays doit déterminer les modalités de mise en œuvre de cette obligation dans son droit interne, et notamment donner une définition de l'infraction et des éléments des infractions qui en font des infractions graves.

107.   Il existe plusieurs méthodes pour caractériser les délits fiscaux en infractions principales du blanchiment de capitaux. Les pays peuvent, par exemple :

- adopter une **méthode inclusive** et caractériser l'ensemble des infractions pénales en infractions principales ;
- adopter la **méthode du seuil** et caractériser en infractions principales toutes les infractions atteignant un certain seuil, comme celles qui sont passibles d'une année d'emprisonnement au moins ou qui appartiennent à la catégorie des « infractions graves » ;
- adopter la **méthode de la liste** et établir une liste explicite des infractions qui constituent des infractions principales;

108.   Tous les pays ayant répondu à l'enquête, à l'exception du Honduras, ont caractérisé les délits fiscaux en infractions principales du blanchiment de capitaux. Ils adoptent les méthodes suivantes dans la pratique :

Graphique 7.1. Méthode de caractérisation des délits fiscaux en infractions principales du blanchiment de capitaux

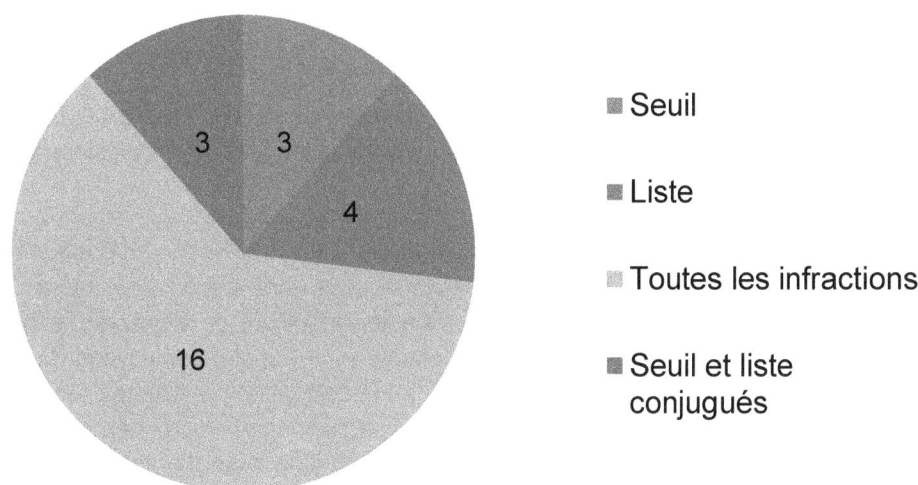

Note : **Seuil** : Australie, Autriche, Canada ; **Liste** : Colombie, Allemagne, Israël, Corée ; **Seuil et liste conjugués** : Grèce, Japon, Suisse ; **Toutes les infractions** : Afrique du Sud, Argentine, Brésil, Espagne, France, Géorgie, Hongrie, Irlande, Islande, Italie, Norvège, Nouvelle-Zélande, Pays-Bas, République tchèque, Royaume-Uni, Suède.

109.   Trois pays ont déclaré utiliser la « méthode du seuil » (seule ou associée à une autre méthode) ; certains d'entre eux ont fixé le seuil aux infractions passibles d'une peine d'emprisonnement dépassant une certaine durée (de six mois à quatre ans) et d'autres aux infractions donnant lieu à une mise en examen.

Références

GAFI (2012-2020), *Normes internationales sur la lutte contre le blanchiment de capitaux et le financement du terrorisme et de la proliferation*, GAFI, https://www.fatf-gafi.org/fr/publications/recommandationsgafi/documents/recommandations-gafi.html. [1]

OCDE (2015), *Improving Co-operation between Tax and Anti-Money Laundering Authorities (Améliorer la coopération entre les autorités fiscales et les autorités de lutte contre le blanchiment d'argent)*, Éditions OCDE, http://www.oecd.org/tax/crime/improving-cooperation-between-tax-and-anti-money-laundering-authorities.htm. [2]

Notes

[1] Voir également OCDE (2009), *Le manuel de sensibilisation au blanchiment de capitaux à l'intention des vérificateurs fiscaux*, Éditions OCDE, Paris, https://www.oecd.org/fr/fiscalite/delits/manuel-sensibilisation-blanchiment-capitaux.htm.

[2] La liste des catégories désignées d'infractions figurant dans les Recommandations du GAFI est la suivante : la participation à un groupe criminel organisé et la participation à un racket ; le terrorisme, y compris son financement ; la traite des êtres humains et le trafic illicite de migrants ; l'exploitation sexuelle, y compris celle des enfants ; le trafic illicite de stupéfiants et de substances psychotropes ; le trafic illicite d'armes ; le trafic illicite de biens volés et autres biens ; la corruption ; la fraude ; le faux monnayage ; la contrefaçon et le piratage de produits ; les infractions pénales contre l'environnement ; les meurtres et les blessures corporelles graves ; l'enlèvement, la séquestration et la prise d'otages ; le vol ; la contrebande (y compris relativement aux taxes et droits de douane et d'accise) ; les infractions fiscales pénales (liées aux impôts directs et indirects) ; l'extorsion ; le faux ; la piraterie ; les délits d'initiés et la manipulation de marchés.

[3] Voir également le Principe 8 pour plus de détails, ainsi que la publication OCDE (2015), *Improving Co-operation between Tax and Anti-Money Laundering Authorities: Access by tax administrations to information held by financial intelligence units for criminal and civil purposes*, OCDE, Paris, http://www.oecd.org/tax/crime/improving-cooperation-between-tax-and-anti-money-laundering-authorities.htm.

Principe 8 : Mettre en place un cadre efficace pour promouvoir la coopération entre organismes nationaux

Les pays devraient être dotés d'un cadre juridique et administratif efficace qui facilite la collaboration entre les autorités fiscales et les autorités répressives et services de renseignement nationaux.

Introduction

110.   La lutte contre la délinquance financière s'articule autour d'un certain nombre d'étapes essentielles, dont la prévention, la détection, les enquêtes et les poursuites relatives aux infractions, ainsi que le recouvrement des produits de l'infraction. En fonction des circonstances, plusieurs organismes publics peuvent y être associés, et notamment l'administration fiscale, l'administration des douanes, les autorités de réglementation financière, les autorités de lutte contre le blanchiment de capitaux – dont la CRF –, la police et les autorités répressives spécialisées, ainsi que les autorités chargées de la lutte contre la corruption et le ministère public.

111.   De plus, les différents organismes peuvent posséder des renseignements ou des pouvoirs d'enquête et de répression qui leur sont propres, et qui sont susceptibles de faire avancer l'enquête menée par un autre organisme sur un délit particulier. C'est ce qui fait toute l'importance et toute l'utilité de la coopération entre les organismes concernés. Cette coopération peut notamment prendre la forme d'un échange de renseignements. Les types de coopération décrits ci-après peuvent aussi être utilisés en parallèle les uns avec les autres, l'un n'excluant pas forcément l'autre. Pour tirer le meilleur parti de la coopération, les organismes concernés auront tout intérêt à mettre en place des points de contact

identifiables pour l'échange de renseignements et la coopération, et à se faire une idée claire des types de renseignements et de pouvoirs que possèdent les autres organismes.

112. Toute coopération de cet ordre est soumise au droit interne et à la nécessité d'empêcher tout abus de pouvoir, point qui sera détaillé ci-dessous. De plus, en fonction de la structure organisationnelle en place dans un pays et de l'organisme en charge des enquêtes sur les délits fiscaux, des formes de coopération différentes peuvent se justifier (voir le Principe 5 pour plus de détails).

Échange de renseignements

113. La coopération prend couramment la forme de l'échange de renseignements. Dans le cadre de leurs activités, différents organismes publics réunissent et conservent des renseignements sur des personnes physiques ou morales ou sur des opérations, lesquels peuvent intéresser directement les travaux d'autres organismes chargés de lutter contre la délinquance financière.

114. Les mécanismes d'échange de renseignements peuvent contribuer à améliorer la prévention et la détection des délits, et à recueillir des éléments de preuve pour déclencher de nouvelles enquêtes et étayer les enquêtes en cours. Dans certains cas, les renseignements n'auraient pas pu être obtenus directement, en particulier quand ils sont de nature spécialisée, comme ceux que détient l'administration fiscale ou la CRF. Dans d'autres cas, ces échanges donnent la possibilité de réduire les doubles emplois entre organismes, et donc de réduire la durée et le coût des enquêtes, d'accélérer les poursuites et de les rendre plus fructueuses, et d'accroître les chances de recouvrer les produits de l'infraction.

115. De plus, l'échange de renseignements peut être utilisé pour repérer de nouvelles pistes d'enquête, par exemple quand une investigation sur une infraction fiscale met au jour d'autres activités délictueuses et de blanchiment de capitaux. Croiser des renseignements de sources diverses peut aider les agents à mieux comprendre un aspect donné ou les activités d'un suspect, voire à mener des recherches plus efficaces. Il y a lieu de noter que les mécanismes d'échange de renseignements peuvent servir à renforcer les relations entre les organismes et leurs principaux responsables, et à les encourager ainsi à tisser de nouvelles formes de coopération plus étroite.

Passerelles juridiques d'échange de renseignements

116. Pour pouvoir procéder à un échange de renseignements, des passerelles juridiques doivent être mises en place entre les organismes concernés. Ces passerelles peuvent prendre plusieurs formes :

- la législation primaire fournit souvent le cadre général de la coopération, par exemple en imposant explicitement à un organisme donné de communiquer des données particulières dans certaines circonstances, ou en autorisant l'échange de renseignements entre les organismes d'une manière générale, moyennant quelques exceptions ;
- lorsque la loi les y autorise, les organismes peuvent conclure des accords bilatéraux, ou « mémorandums d'accord », dans lesquels ils conviennent de transmettre des renseignements lorsque ceux-ci intéressent les activités de l'autre partie. La nature des renseignements concernés, les circonstances de l'échange ainsi que les éventuelles restrictions applicables (par exemple lorsque les renseignements ne peuvent être utilisés qu'à certaines fins) y sont généralement précisées. Les mémorandums d'accord peuvent aussi définir d'autres modalités fixées d'un commun accord par les organismes, telles que la forme prise par les demandes, le nom des autorités compétentes habilitées à les traiter, ainsi que les périodes de préavis et autres délais, ou prévoir l'obligation, pour l'organisme destinataire, de faire connaître l'issue des investigations dans lesquelles les renseignements ont été employés.

Modèles d'échange de renseignements

117.   D'une manière générale, il existe quatre types de coopération en ce qui concerne l'échange de renseignements entre des organismes différents :

- accès direct aux renseignements détenus dans des archives ou des bases de données. Il peut s'agir d'un accès direct à des données volumineuses ou en vrac, ou de droits d'accès spécifiques à un casier ou à un dossier judiciaire particulier ;

- obligation de communiquer des renseignements automatiquement (c'est-à-dire à intervalles réguliers) ou spontanément (lorsque les informations utiles sont identifiées), généralement lorsque ces catégories de renseignements sont prédéfinies (on parle parfois de « notification obligatoire ») ;

- capacité, mais pas obligation, de communiquer spontanément des renseignements ;

- obligation ou capacité de communiquer des renseignements, mais uniquement en réponse à des demandes spécifiques faites au cas par cas.

Formes d'échanges de renseignements

118.   Des formes d'échange de renseignements différentes peuvent être particulièrement efficaces dans des contextes variés, par exemple :

- lorsque les renseignements sont destinés à des analyses et à une évaluation des risques de haut niveau, l'accès direct, ou l'échange automatique ou spontané pourrait être particulièrement efficace. Sur le plan opérationnel, l'efficacité est particulièrement élevée lorsque les types de renseignements à échanger sont clairement définis et que leur échange peut être automatisé. Cela peut aussi favoriser la détection d'activités délictueuses auparavant dissimulées avec succès. Organiser des formations sur l'utilisation des mécanismes d'accès direct, et sur les protections et procédures nécessaires pour garantir la confidentialité et la protection des données, peut s'avérer utile dans ce cas ;

- l'échange de renseignements spontané discrétionnaire peut être très fructueux lorsque les organismes concernés coopèrent depuis longtemps et savent donc bien quelles informations peuvent être utiles à leur partenaire. À l'instar de l'accès direct ou de l'échange automatique, cela peut contribuer à alerter un organisme sur des activités délictuelles dont elle n'avait pas connaissance. Cela passera au minimum par un échange spontané de renseignements, entre les administrations fiscales et les autorités répressives nationales concernées, sur les soupçons d'infractions graves, dont la corruption transnationale, le blanchiment de capitaux et le financement du terrorisme ; (OCDE, 2009[9]) (OCDE, 2010[10])

- lorsque les renseignements requis sont très spécifiques ou doivent être présentés sous une forme précise, l'échange sur demande ou l'accès direct à un casier judiciaire donné peut être plus indiqué. Ce sera particulièrement utile lorsqu'une enquête est relativement avancée et que l'organisme qui en est chargé dispose déjà de renseignements suffisants pour étayer sa demande.

119.   Compte tenu du grand nombre de techniques d'enquête pouvant être utilisées tout au long d'une investigation, il serait particulièrement judicieux que l'éventail le plus large possible des méthodes d'échange de renseignements soit disponible, auprès et au profit de l'agence qui enquête sur les délits à caractère fiscal. Toutefois, quel que soit le type de renseignements utilisés, il est important de protéger leur confidentialité, ainsi que l'intégrité des activités menées par d'autres organismes, dans le respect du droit interne. Il faudra probablement définir des paramètres clairs pour déterminer les personnes et les finalités autorisées pour l'accès aux renseignements, et mettre en place des mécanismes de gouvernance garantissant une utilisation adéquate des renseignements.

Autres formes de coopération

120.   Outre l'échange de renseignements, d'autres formes de coopération sont utilisées par les autorités répressives, illustrées par les exemples ci-dessous.

Équipes communes d'enquête

121.   Les équipes communes d'enquête permettent aux organismes partageant un intérêt commun de travailler ensemble lors d'une enquête. Outre l'échange de renseignements, l'équipe d'enquête peut puiser dans un large vivier de compétences et d'expériences de membres ayant une formation et un parcours différents. Des enquêtes communes peuvent éviter les doublons générés par des enquêtes parallèles, et améliorer l'efficacité en permettant aux agents de chaque organisme de concentrer leurs efforts sur différents aspects de l'enquête, en fonction de leur expérience et des pouvoirs juridiques dont ils sont investis. Dans certains cas, les passerelles pour l'échange de renseignements sont plus larges lorsque les organismes participent à une enquête commune que dans d'autres circonstances.

Encadré 8.1. Le Groupe de travail sur les infractions financières graves en Australie

Le Groupe de travail sur les infractions financières graves (*Serious Financial Crimes Taskforce*, ou SFCT) est un groupe de travail interinstitutionnel placé sous la direction de l'ATO qui a été établi le 1er juillet 2015. Il réunit les connaissances, les ressources et l'expérience des autorités répressives et de réglementation compétentes afin d'identifier et de combattre les formes de délinquance financière les plus graves et les plus complexes. À ce titre, le SFCT est le principal mécanisme utilisé par l'ATO pour lutter contre les infractions financières graves.

Parmi les participants au SFCT figurent la Police fédérale australienne (*Australian Federal Police*, ou AFP), l'Administration fiscale australienne (*Australian Taxation Office*, ou ATO), la Commission australienne du renseignement judiciaire (*Australian Criminal Intelligence Commission*, ou ACIC), le ministère du Procureur général (*Attorney-General's Department*, ou AGD), le Centre australien d'analyse et de déclaration des transactions financières (*Australian Transaction Reports and Analysis Centre*, ou AUSTRAC), la Commission australienne des valeurs mobilières et de l'investissement (*Australian Securities and Investments Commission*, ou ASIC), le Procureur général de la Fédération (*Commonwealth Director of Public Prosecutions*, ou CDPP), le ministère de l'Intérieur, ainsi que son bras opérationnel, la Force australienne de protection des frontières (*Australian Border Force*, ou ABF), et la Direction des services (*Services Australia*).

Le SFCT réunit les connaissances, les ressources et l'expérience des autorités répressives et de réglementation compétentes afin d'identifier et de lutter contre les infractions graves qui mettent le plus à mal le système fiscal et de retraite de l'Australie.

Le SFCT soutient aussi la participation de l'Australie en tant que membre du *Joint Chiefs of Global Tax Enforcement* (J5).

Centres de renseignement interinstitutionnels

122.   Ils sont généralement créés pour centraliser les processus de collecte et d'analyse de renseignements pour un certain nombre d'organismes. Les centres interinstitutionnels peuvent être mis en place pour traiter principalement des renseignements opérationnels (renseignements et investigations relatifs à une affaire précise) ou stratégiques (évaluation plus large des risques et des menaces, concentration sur une zone géographique spécifique ou un certain type d'activités délictueuses, ou rôle plus large dans l'échange de renseignements). Ces centres mènent des analyses en s'appuyant sur des

recherches directes et sur les renseignements obtenus par les organismes participants. En centralisant ces activités, les responsables peuvent se familiariser avec certaines questions juridiques et pratiques, et ils peuvent mettre en place des systèmes spécialisés qui augmentent leur efficacité. Cette centralisation est également synonyme d'économies, car les coûts de collecte, de traitement et d'analyse des données peuvent être partagés entre organismes participants.

Détachement de personnel

123.   Il s'agit d'un moyen efficace d'assurer un transfert de compétences, tout en permettant aux agents de nouer des contacts avec leurs homologues dans un autre organisme. Les agents détachés mettent en commun leurs compétences, leur expérience et leurs connaissances spécialisées, tout en participant directement aux travaux menés par l'organisme qui les accueille. D'après les pays concernés, ces accords sont particulièrement propices à la coopération interinstitutionnelle, en encourageant les agents à s'engager plus activement auprès de leurs homologues d'autres organismes, en améliorant l'efficacité de la coopération en cours, et en accélérant et en accroissant l'efficience de l'échange de renseignements.

Autres modèles

124.   Les autres stratégies employées incluent l'utilisation de bases de données partagées, la diffusion d'outils de renseignement stratégiques de type bulletin d'information et notes de renseignement, des comités conjoints chargés de coordonner l'action dans des domaines de responsabilité commune, et les réunions et sessions de formation interinstitutionnelles destinées à échanger des renseignements sur les tendances en matière de délinquance financière, à fournir des orientations sur les techniques d'enquête et à présenter les meilleures pratiques de gestion des affaires.

125.   À la lumière de ces éléments, on observe que, dans certains pays, la coopération interinstitutionnelle a été couronnée de succès dans différents domaines :

- octroi à l'administration fiscale d'un accès aux DOS (ou « rapports sur les activités suspectes ») ; (OCDE, 2015[8])
- octroi à la CRF d'un accès aux renseignements détenus par l'administration fiscale ;
- élaboration d'une stratégie coordonnée pour analyser les DOS et y donner suite ;
- imposition aux responsables de l'administration fiscale de l'obligation de signaler les soupçons de délits non fiscaux à la police ou au procureur ;
- recours à des groupes d'action interinstitutionnels pour lutter contre la délinquance financière ;
- mise en place d'une structure centralisée pour la coopération interinstitutionnelle ;
- élaboration d'une approche coordonnée pour recouvrir les produits de l'infraction ;
- coopération avec le secteur privé dans la lutte contre la délinquance fiscale.

126.   Pour de plus amples informations sur les modèles de coopération interinstitutionnelle, voir le rapport de l'OCDE de 2017 intitulé Une coopération interinstitutionnelle efficace pour lutter contre les délits à caractère fiscal et autres délits financiers. (OCDE, 2017[5])

Références

OCDE (2017), *Effective Inter-Agency Co-Operation in Fighting Tax Crimes and Other Financial Crimes (Une coopération interinstitutionnelle efficace pour lutter contre les délits à caractère fiscal et autres délits financiers) - troisième édition*, Éditions OCDE, Paris, https://www.oecd.org/fr/fiscalite/delits/une-cooperation-interinstitutionnelle-efficace-pour-lutter-contre-les-delits-a-caractere-fiscal-et-autres-delits-financiers.htm.   [4]

OCDE (2015), *Improving Co-operation between Tax and Anti-Money Laundering Authorities (Améliorer la coopération entre les autorités fiscales et les autorités de lutte contre le blanchiment d'argent)*, Éditions OCDE, http://www.oecd.org/tax/crime/improving-cooperation-between-tax-and-anti-money-laundering-authorities.htm.   [3]

OCDE (2010), *Recommandation du Conseil en vue de faciliter la coopération entre les autorités fiscales et les autorités répressives pour lutter contre les délits graves*, http://acts.oecd.org/Instruments/ShowInstrumentView.aspx?InstrumentID=266.   [2]

OCDE (2009), *Recommandation du Conseil sur les mesures fiscales visant à renforcer la lutte contre la corruption d'agents publics étrangers dans les transactions commerciales internationales*, https://legalinstruments.oecd.org/fr/instruments/OECD-LEGAL-0371.   [1]

Principe 9 : Prévoir des mécanismes de coopération internationale

Les autorités chargées d'enquêter sur les délits fiscaux doivent pouvoir s'appuyer sur des instruments de droit pénal et sur un cadre opérationnel propices à une coopération internationale efficace dans les enquêtes et les poursuites relatives à ce type de délits.

Introduction

127.   Les délits fiscaux intègrent très souvent une dimension internationale, par exemple lorsqu'un pays étranger a été utilisé pour dissimuler des avoirs ou des revenus, ou que les produits d'opérations illicites sont conservés à l'étranger, sans être déclarés aux autorités fiscales. Puisque la délinquance peut franchir les frontières internationales, mais que les organismes chargés des enquêtes disposent de pouvoirs qui se limitent à celles de leur juridiction, il est impératif que ces organismes coopèrent les uns avec les autres.

128.   La coopération internationale peut revêtir des formes diverses, consistant par exemple à échanger des renseignements, à notifier des documents, à obtenir des éléments de preuve, à faciliter le recueil des témoignages des témoins, à transférer des personnes pour interrogatoire, à exécuter des ordonnances de gel ou de saisie, ou à mener une enquête commune. Pour qu'une telle coopération puisse avoir lieu, un accord juridique devrait en définir les termes et les conditions de procédure. Il peut s'agir d'accords d'échange de renseignements (tels les accords d'échange de renseignements fiscaux, AERF), d'accords d'échange de renseignements et d'assistance administrative, de conventions fiscales bilatérales ou d'autres instruments (comme la Convention multilatérale concernant l'assistance administrative mutuelle en matière fiscale), ou d'accords de coopération concernant l'utilisation de pouvoirs d'enquête et de coercition (les CEJ, par exemple). De tels accords devraient autoriser la coopération internationale en matière de délits, et notamment de délits fiscaux.

129.   L'utilisation de l'échange de renseignements et de l'entraide judiciaire par les pays ayant répondu à l'enquête est exposée ci-dessous. On relèvera que dans certains cas, les données n'ont pas été ventilées pour exclure les demandes concernant des délits non fiscaux, et ces cas de figure sont mentionnés et apparaissent en italique en cas de besoin.

Tableau 9.1. Réponses apportées à l'enquête : Nombre de demandes d'EdR et d'entraide judiciaire concernant des questions fiscales de nature pénale (2015-18)

Juridiction	Demandes d'EdR envoyées	Demandes d'EdR reçues	Demandes d'entraide judiciaire envoyées	Demandes d'entraide judiciaire reçues
Argentine	162	25	*14*	*N/C*
Australie	1	4	*736*	*706*
Canada	48	8	10	N/C
Costa Rica	6	N/C	N/C	N/C
République tchèque	N/C	N/C	9 691	N/C
France	N/C	N/C	79	29
Géorgie	16	28	19	65
Allemagne	*4 500*	*4 000*	N/C	N/C
Hongrie	2 398	985	528	1 204
Islande	86	4	0	0
Irlande	N/C	N/C	23	68
Japon	*2 430*	*901*	*27*	N/C
Mexique	N/C	N/C	30	13
Pays-Bas	1	0	91	544
Espagne	4 292	7 204	*1 685*	N/C
Suisse	2	N/C	12	N/C
Royaume-Uni	*N/C*	*N/C*	384	*N/C*
États-Unis	55	N/C	N/C	15 environ

Note : Les chiffres pour l'Australie concernent la période 2015-16. Les chiffres pour la République tchèque concernent la période 2017-19 et incluent toutes les infractions pénales. Les chiffres pour la France concernent la période 2017-18 et incluent uniquement les demandes d'entraide judiciaire à l'égard de juridictions non membres de l'UE (les demandes internes à l'UE sont traitées directement par les tribunaux). Les chiffres pour l'Allemagne sont approximatifs et concernent la période 2011-19. Les chiffres pour l'Irlande concernent la période 2015-19 pour les demandes envoyées et la période 2015-17 pour les demandes reçues. Les chiffres pour la Hongrie concernent la période 2015-19 et incluent uniquement les demandes d'assistance internationale envoyées ou reçues par l'administration des impôts et des douanes et non par la cellule de renseignements financiers. Les chiffres pour les Pays-Bas concernent la période 2015-17. Les chiffres pour l'Espagne concernent la période 2016-18. Les chiffres pour la Suisse concernent la période 2015-16. Les chiffres pour le Royaume-Uni concernent la période 2017-19 et sont valables uniquement pour l'Angleterre et le Pays de Galles. Les chiffres pour les États-Unis concernent la période 2015-16.

130.   Pour adopter une approche véritablement globale de la lutte contre la délinquance fiscale, les pays doivent mettre en place un réseau de coopération internationale à grande échelle et efficace. Ce réseau devrait présenter les caractéristiques suivantes :

*   couvrir un grand nombre de pays ;

*   couvrir de nombreux types d'assistance, dont l'échange de renseignements et d'autres formes d'assistance pour les enquêtes et la répression ; (OCDE, 2012[11])

*   s'appuyer sur un cadre juridique national autorisant les échanges de renseignements envoyés et reçus dans le cadre d'instruments juridiques internationaux avec toutes les autorités nationales chargées des enquêtes pénales, du renseignement et répressives, s'il y a lieu (soit l'administration fiscale, les autorités chargées des enquêtes pénales ou de la lutte contre le blanchiment de capitaux, les CRF, etc.) ;

- être effectivement mis en œuvre, et disposer notamment d'un cadre opérationnel clair pour la coopération internationale. Cela impose également de prévoir des points de contact ad hoc et clairement identifiés pouvant être contactés par les organismes étrangers pour toute demande d'assistance, des ressources suffisantes pour répondre à de telles demandes, ainsi que des formations et une sensibilisation des organismes nationaux chargés des enquêtes aux possibilités de coopération internationale et à la formulation de demandes efficaces.

131.   Même si des passerelles juridiques existent dans de nombreux cas, des obstacles pratiques peuvent influer sensiblement sur l'efficacité de la coopération internationale. Les pays ayant répondu à l'enquête signalent notamment des retards dus à l'absence de canaux de communication clairement identifiés, à une confusion quant à la structure organisationnelle ou au mandat de l'homologue concerné, et partant d'un retard dans l'identification de l'organisme auquel il convient de s'adresser, ainsi que de difficultés de communication concrètes liées à la langue ou au manque de clarté dans la présentation des faits de la demande. L'enquête menée pour les besoins du présent guide a aussi montré que les pays ne conservent pas nécessairement des données détaillées afin de suivre l'utilisation ou l'impact des outils de coopération internationale, ce qui peut contribuer à un déficit de connaissance ou à une description limitée de ces outils.

Références

OCDE (2012), *Catalogue des instruments de co-opération internationale contre les délits à caractère fiscal et autres délits financiers*, http://www.oecd.org/ctp/crime/international-co-operation-against-tax-crimes-and-other-financial-crimes-a-catalogue-of-the-main-instruments.htm.   [1]

Principe 10 : Protéger les droits des suspects

Les contribuables soupçonnés ou accusés d'avoir commis un délit fiscal devraient pouvoir se prévaloir des droits procéduraux et fondamentaux élémentaires.

Introduction

132. Les personnes faisant l'objet d'une enquête fiscal pénale devraient pouvoir se prévaloir de certains droits procéduraux et fondamentaux, qui sont accordés à toute personne suspectée ou accusée d'un acte délictueux, y compris à caractère fiscal.

133. La Déclaration universelle des droits de l'homme de l'ONU énonce les droits humains fondamentaux qui doivent être universellement protégés (Nations Unies, 1948[12]). Des droits et lignes directrices similaires figurent, par exemple, dans la Convention européenne des droits de l'homme (Cour européenne des droits de l'homme, Conseil d'Europe, 1950-2010[13]) et dans les Directives et principes sur le droit à un procès équitable et à l'assistance judiciaire en Afrique de la Commission africaine des droits de l'homme et des peuples (Commission africaine des droits de l'homme et des peuples, 2003[14]). Ces droits peuvent être mis en œuvre dans le droit interne en étant consacrés dans la constitution ou la déclaration des droits d'un pays, ou dans ses règles de procédure pénale (Gouvernement des États-Unis, 2002[15]) (Gouvernement du Canada, 2021[16]).

134. En particulier, chaque contribuable suspecté ou accusé d'avoir commis un délit fiscal devrait pouvoir se prévaloir des droits suivants :

- le droit à la présomption d'innocence ;
- le droit à être informé de ses droits ;

- le droit à être informé du chef d'accusation ;
- le droit au silence ;
- le droit à l'assistance d'un avocat et à des conseils juridiques gratuits ;
- le droit à l'interprétation et à la traduction ;
- le droit à accéder aux pièces du dossier (droit à la divulgation complète) ;
- le droit à un procès rapide ; et
- le droit à ne pas être poursuivi ou puni pénalement à raison des mêmes faits (ne bis in idem).

135.   L'organisme chargé des enquêtes fiscales pénales doit avoir connaissance de ces droits fondamentaux, car tout manquement en ce sens aura non seulement des conséquences négatives pour les droits de la personne concernée, mais aussi pour l'enquête et les poursuites relatives à un délit fiscal, par exemple lorsque les éléments de preuve obtenus sont déclarés irrecevables parce que ces droits n'ont pas été respectés.

136.   En particulier, une enquête pénale pouvant, dans certains cas, avoir pour origine un contrôle fiscal classique, c'est-à-dire réalisé dans le cadre d'une procédure civile, les pays devraient prévoir des garanties afin de s'assurer que les droits d'un prévenu sont protégés lors du passage d'une action administrative à une action pénale. Ainsi, lors d'un contrôle fiscal, le contribuable a l'obligation de communiquer des informations à l'administration fiscale, alors que dans une enquête pénale, le suspect peut avoir droit au silence. Ce point revêt une importance particulière pour les administrations fiscales qui dirigent et conduisent des enquêtes pénales au sein de la même structure organisationnelle que la fonction (de contrôle) fiscal(e) civile, ce qui correspond au modèle d'organisation 1 du Principe 4 ci-dessus.

137.   La ligne de démarcation entre une question fiscale civile et une question fiscale pénale peut être floue et exiger de faire preuve de discernement. La plupart des pays ayant participé à l'enquête ont signalé qu'une enquête civile devient une enquête pénale lorsqu'il existe un doute raisonnable qu'une infraction a été commise, ou lorsque les faits indiquent qu'une infraction peut avoir été commise. Un plus faible nombre de pays recourent à un marqueur objectif pour déterminer à quel moment une question civile se transforme en enquête pénale, en fixant un seuil pour le montant de la fraude fiscale. Selon les données recueillies au cours de l'enquête, 11 pays ont précisé qu'il était impossible de conduire une enquête civile et une enquête pénale en parallèle, et que dans la pratique, le contrôle fiscal civil/administratif serait suspendu et l'enquête pénale l'emporterait. Dix-neuf pays ont indiqué que les contrôles fiscaux civils/administratifs pouvaient être menés parallèlement aux enquêtes pénales. Nombre d'entre eux ont ajouté qu'il existait des garanties, afin que les droits d'un prévenu soient protégés dès lors qu'une enquête civile et une enquête pénale sont conduites en parallèle, notamment pour s'assurer que les enquêtes sont menées de manière indépendante.

138.   On trouvera ci-dessous plus de détails sur chacun des droits des suspects.

Le droit à la présomption d'innocence

139.   Principe selon lequel une personne est considérée comme innocente tant qu'elle n'a pas été déclarée coupable. Il s'agit d'une composante essentielle du système pénal. La présomption d'innocence implique que la charge de la preuve incombe à l'accusation et non au prévenu.

140.   Pour montrer de quelle manière la présomption d'innocence peut être mise en œuvre, le Conseil européen a adopté récemment une directive portant renforcement de certains de ses aspects (Conseil européen, 2016[17]). Cette Directive impose aux États membres de respecter les obligations connexes ci-dessous : « avant que le jugement définitif ne soit rendu, les suspects et les personnes poursuivies ne devraient pas être présentés comme étant coupables par le recours à des mesures de contrainte physique

et la charge de la preuve incombe à l'accusation alors que tout doute raisonnable quant à la culpabilité devrait profiter à la personne poursuivie ».

Le droit de la personne suspectée ou accusée d'être informée de ses droits

141.   Ce droit impose à l'organisme chargé de l'enquête d'informer une personne suspectée ou accusée de ses droits. Dans certains pays, cette obligation peut être remplie en informant la personne de ses droits par oral ou par écrit au moyen d'une « déclaration de droits ». Ces droits regroupent généralement le droit au silence, le droit à être informé des accusations portées contre la personne et le droit à l'assistance d'un avocat ou, dans certaines circonstances, à des conseils juridiques gratuits. Aux États-Unis, par exemple, ils sont connus sous l'appellation « avertissement Miranda » et de nombreux pays possèdent des droits équivalents (The Law Library of Congress, 2016[18]).

142.   Dans la pratique, les pays peuvent gérer ces droits à différents stades d'une enquête. Certains pays informent un prévenu de ses droits au début d'un interrogatoire, alors que d'autres le font lors de son arrestation.

Le droit au silence

143.   Il s'agit du droit d'un prévenu de refuser d'émettre des commentaires ou de répondre aux questions d'un enquêteur. Ce droit est reconnu par la plupart des systèmes juridiques et protège la personne concernée contre le risque de s'incriminer elle-même. Il s'applique généralement avant et pendant un procès.

Le droit à être informé du chef d'accusation

144.   Ce droit permet au prévenu de connaître la nature et l'essence des allégations portées à son encontre. Il s'agit généralement des éléments de l'infraction, comme les aspects essentiels de l'infraction, les détails du comportement présumé ayant conduit aux poursuites et, dans le cas des délits à caractère fiscal, le préjudice prétendument subi par l'État. En général, le chef d'accusation doit être communiqué au prévenu avant que celui-ci ne plaide devant un tribunal.

Le droit à l'assistance d'un avocat et à des conseils juridiques gratuits

145.   Les personnes accusées d'avoir commis d'un délit à caractère fiscal doivent avoir la possibilité de solliciter des conseils juridiques. De plus, si ces personnes n'ont pas les moyens de payer des conseils juridiques ou une représentation judiciaire, elles devraient pouvoir bénéficier d'une aide judiciaire financée par l'État. Ce droit fondamental est essentiel pour garantir l'équité du système juridique, compte tenu de la gravité des conséquences potentielles d'une condamnation.

146.   Les spécificités de ces droits varient d'un pays à l'autre. Les pays peuvent en effet avoir des pratiques différentes concernant le moment où le droit de solliciter des conseils juridiques peut être invoqué. Ainsi, au Canada, ce droit est accordé aux personnes qui ont été placées en détention ou arrêtées. Les pays adoptent également des approches différentes en ce qui concerne le droit à une représentation judiciaire financée par l'État, lequel n'est accordé que dans des circonstances spécifiques, par exemple lorsque le prévenu satisfait à certains critères financiers.

147.   En Europe, l'article 6(3)(c) de la Convention européenne des droits de l'homme prévoit que quiconque est accusé d'avoir commis une infraction pénale a le droit de « se défendre lui-même ou avoir

l'assistance d'un défenseur de son choix et, s'il n'a pas les moyens de rémunérer un défenseur, pouvoir être assisté gratuitement par un avocat d'office, lorsque les intérêts de la justice l'exigent » et ce droit peut être appliqué avant ou pendant le procès.

Le droit à l'interprétation et à la traduction

148.   Ce droit permet au prévenu de prendre connaissance des informations concernant la procédure pénale dans sa propre langue. Il garantit que la barrière de la langue n'empêche pas de bénéficier d'un procès équitable. Le coût de ces services est généralement pris en charge par l'autorité responsable des poursuites.

149.   En règle générale, ce droit devrait s'appliquer à l'interrogatoire de la personne suspectée ou accusée par un représentant de l'autorité publique, aux réunions entre l'accusation et le prévenu et son avocat, et à toutes les comparutions et audiences devant le tribunal.

150.   Au sein de l'Union européenne, par exemple, ces droits s'appliquent à la traduction des documents essentiels, et notamment à toute décision privant une personne de sa liberté, à toute accusation ou mise en examen et à tout jugement.

Le droit à accéder aux pièces du dossier (droit à la divulgation complète)

151.   Le prévenu a le droit de connaître les détails des faits qui lui sont reprochés, et notamment les éléments de preuve détenus par le parquet. Cela lui donne la possibilité de préparer sa défense. La communication de ces informations facilite également la résolution de l'affaire avant la tenue du procès, en encourageant par exemple le prévenu à confesser le délit et à plaider coupable.

152.   Les modalités de mise en œuvre de ce droit varient d'un pays à l'autre. Certains pays imposent au procureur de communiquer la totalité des éléments de preuve au prévenu, y compris celles qui lui sont favorables et celles qui le sont à l'accusation. Cela peut se faire à la discrétion du procureur, lequel peut déterminer le calendrier et choisir de ne pas divulguer certaines informations pour des raisons valables, par exemple pour protéger un informateur.

Le droit à un procès rapide

153.   Ce droit devrait protéger le prévenu contre tout retard indu dans la conclusion d'un procès, un tel retard pouvant :

* empêcher le prévenu de bénéficier d'un procès équitable, les éléments de preuve risquant de ne plus être disponibles ou aussi fiables. Ainsi, la mémoire d'un témoin peut se troubler avec le temps ou des témoins peuvent décéder ;

* conduire un prévenu emprisonné dans l'attente de l'issue du procès à rester en détention pendant un délai déraisonnable s'il est ensuite jugé non coupable du délit ou si la peine prononcée à son encontre est inférieure au temps qu'il a déjà passé en prison.

154.   Il n'existe pas nécessairement de critère précis de ce qui constitue un procès rapide et plusieurs facteurs peuvent jouer ici. Pour déterminer si le droit à un procès rapide a été enfreint, les facteurs à appliquer sont notamment les suivants :

* temps écoulé entre la mise en examen et la tenue du procès ;

- raisons diverses expliquant le retard, dont la complexité des tâches à accomplir avant la tenue du procès, les retards imputables à la défense ou à l'accusation, ou les retards institutionnels comme le nombre limité de dates possibles pour la tenue du procès devant le tribunal concerné ;

- renonciation du prévenu à invoquer un retard ;

- préjudice subi par le prévenu au regard de la tenue d'un procès équitable, comme l'impact sur la disponibilité ou la fiabilité des preuves.

Le droit à ne pas être poursuivi ou puni pénalement à raison des mêmes faits (ne bis in idem)

155.   Ce droit protège un prévenu contre le risque d'être poursuivi deux fois à raison du même délit, lorsqu'il a déjà été jugé coupable et qu'il a purgé sa peine, ou qu'il a été acquitté par un jugement définitif. Il le protège également contre le risque d'être de nouveau poursuivi pour un délit moins grave, lorsque tous les éléments de ce délit font partie des éléments du délit plus grave. Néanmoins, ce droit n'empêche pas que d'autres enquêtes soient menées par la suite lorsqu'une enquête n'a abouti à aucune poursuite pénale, mais qu'une enquête ultérieure est ouverte sur la base de nouveaux éléments de preuve.

156.   L'enquête réalisée montre que ces droits sont garantis de manière quasi universelle. La possibilité d'invoquer ces droits dans les pays ayant participé à l'enquête est indiquée dans le graphique ci-dessous.

Graphique 10.1. Possibilité d'invoquer les droits des suspects dans les affaires concernant des infractions fiscales

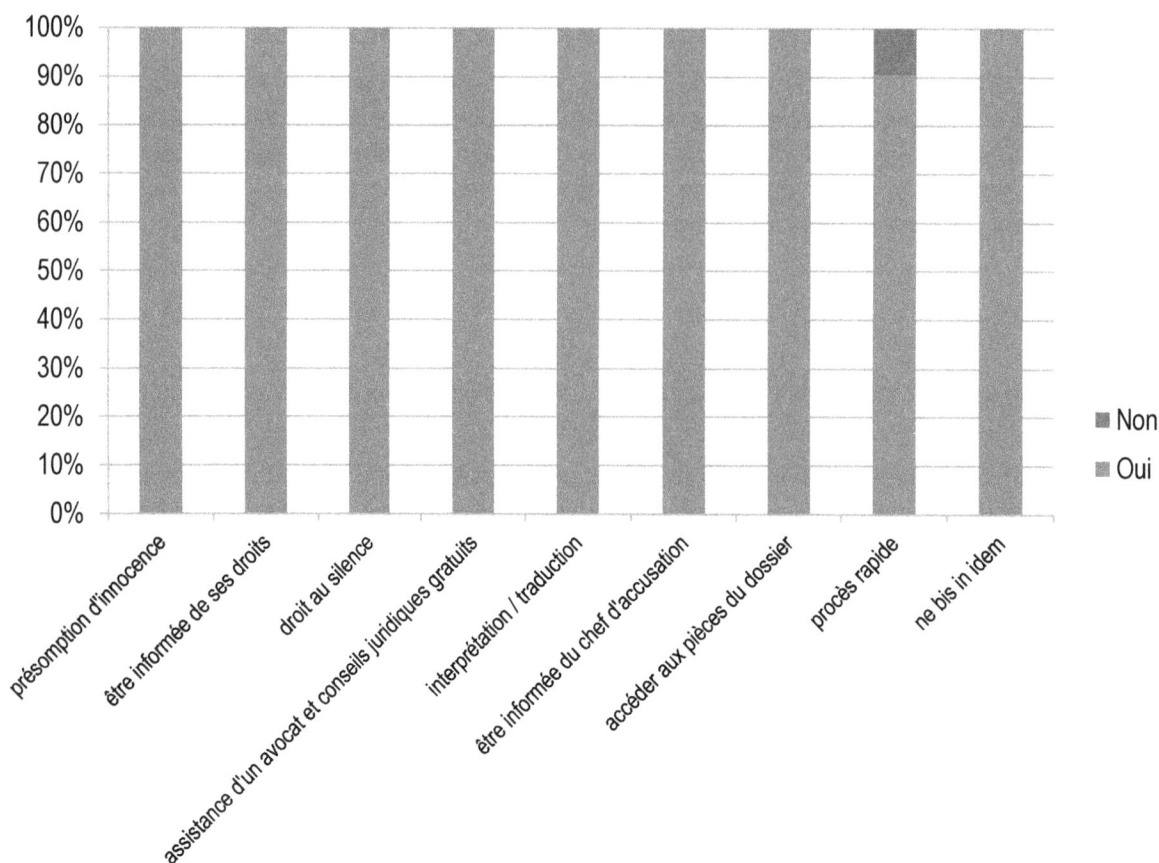

Références

Commission africaine des droits de l'homme et des peuples (2003), *Principes et les lignes directrices relatifs au droit à un procès équitable et à l'assistance judiciaire en Afrique*, Union africaine, https://www.achpr.org/fr_legalinstruments/detail?id=38. [3]

Conseil européen (2016), *Communiqué de presse - L'UE renforce le droit à la présomption d'innocence*, Union européenne, https://www.consilium.europa.eu/fr/press/press-releases/2016/02/12/eu-strengthens-right-to-presumption-of-innocence/ (consulté le 19 avril 2021). [6]

Cour européenne des droits de l'homme, Conseil d'Europe (1950-2010), *Convention européenne des droits de l'homme*, https://www.echr.coe.int/documents/convention_fra.pdf (consulté le 19 avril 2021). [2]

Gouvernement des États-Unis (2002), *Sixth Amendment - Rights of Accused in Criminal Prosecutions*, https://www.govinfo.gov/content/pkg/GPO-CONAN-2002/pdf/GPO-CONAN-2002-9-7.pdf (consulté le 19 avril 2021). [4]

Gouvernement du Canada (2021), *Charte canadienne des droits et libertés*, Ministre de la Justice du Canada, https://laws-lois.justice.gc.ca/fra/const/page-12.html (consulté le 19 avril 2021). [5]

Nations Unies (1948), *Déclaration universelle des droits de l'homme*, https://www.un.org/fr/about-us/universal-declaration-of-human-rights (consulté le 19 avril 2020). [1]

The Law Library of Congress (2016), *Miranda Warning Equivalents Abroad*, Global Legal Research Center, https://www.loc.gov/law/help/miranda-warning-equivalents-abroad/miranda-warning-equivalents-abroad.pdf. [7]

Annexe A. Liste des juridictions ayant participé à la deuxième édition des Dix principes mondiaux

Sachant que ce rapport a vocation à rester un document évolutif, ouvert à toute juridiction qui souhaite participer à cet exercice comparatif à l'avenir, les statistiques et études de cas de mise en œuvre réussie figurant dans cette édition ont été actualisées en avril 2021. La liste ci-dessous classe chaque juridiction participante par ordre alphabétique et mentionne l'autorité qui a été l'interlocuteur du Secrétariat pour le contenu du chapitre qui la concerne.

- Afrique du Sud : Administration fiscale d'Afrique du Sud (SARS)
- Allemagne : Ministère fédéral des Finances (BMF)
- Argentine : Administration fédérale des recettes publiques (AFIP)
- Australie : Administration fiscale australienne (ATO)
- Autriche : Ministère fédéral des Finances (BMF)
- Azerbaïdjan : Services fiscaux d'État
- Brésil : Secrétariat aux recettes fédérales du Brésil (RFB)
- Canada : Agence du revenu du Canada – Programme des enquêtes criminelles
- Chili : Service des impôts internes
- Colombie : Direction des impôts et des douanes nationales (DIAN)
- Corée : Service fiscal national
- Costa Rica : Direction générale du Trésor
- Espagne : Agence espagnole de l'administration fiscale (AEAT)
- Estonie : Département d'enquête au sein du Conseil des impôts et des douanes
- États-Unis : Division des enquêtes pénales du Service des recettes internes (IRS-CI)
- France : Direction générale des finances publiques
- Géorgie : Service d'enquête du ministère des Finances
- Grèce : Autorité indépendante des impôts (AADE)
- Honduras : Unité des délits fiscaux au sein de l'administration fiscale (SAR)
- Hongrie : Direction générale des affaires criminelles au sein de l'administration nationale des impôts et des douanes de Hongrie
- Irlande : Administration fiscale (*Revenue Commissioners*)
- Islande : Direction des enquêtes fiscales
- Israël : Autorité fiscale d'Israël
- Italie : *Guardia di Finanza* et Ministère de l'Économie et des Finances
- Japon : Division des enquêtes pénales de l'Agence nationale des impôts
- Mexique : Parquet fiscal fédéral (PFF)
- Norvège : Administration fiscale

- Nouvelle-Zélande : Administration fiscale
- Pays-Bas : Service néerlandais d'information et de recherche en matière fiscale (FIOD)
- République tchèque : Ministère des Finances
- Royaume-Uni : Administration fiscale britannique (*Her Majesty's Revenue and Customs*)
- Suède : Administration fiscale
- Suisse : Administration fédérale des contributions

Annexe B. Chapitres par pays

Les chapitres par pays décrivent en détail le cadre de lutte contre les délits fiscaux dans chaque juridiction ainsi que les progrès accomplis dans la mise en œuvre des Dix principes mondiaux. Ces rapports sont disponibles en ligne séparément sur le site web de l'OCDE : https://www.oecd.org/fr/fiscalite/delits/lutte-contre-la-delinquance-fiscale-les-dix-principes-mondiaux-deuxieme-edition-chapitres-de-pays.pdf.

www.ingramcontent.com/pod-product-compliance
Lightning Source LLC
Chambersburg PA
CBHW081511200326
41518CB00015B/2464